新文科建设教材
经济学系列

STUDY GUIDE FOR
MICROECONOMICS

西方经济学学习手册

（微观部分）

福州大学经贸系马工程经济学教学团队◎编著

清华大学出版社
北京

图书在版编目（CIP）数据

西方经济学学习手册. 微观部分 / 福州大学经贸系马工程经济学教学团队编著.
北京：清华大学出版社，2025.10. -- （新文科建设教材）.
ISBN 978-7-302-70031-9

Ⅰ. F091.3；F016

中国国家版本馆 CIP 数据核字第 2025FT3701 号

责任编辑：陆浥晨
封面设计：李召霞
责任校对：王荣静
责任印制：刘　菲

出版发行：清华大学出版社
　　　　网　　　址：https://www.tup.com.cn, https://www.wqxuetang.com
　　　　地　　　址：北京清华大学学研大厦 A 座　　　邮　　编：100084
　　　　社 总 机：010-83470000　　　　　　　　　邮　　购：010-62786544
　　　　投稿与读者服务：010-62776969, c-service@tup.tsinghua.edu.cn
　　　　质量反馈：010-62772015, zhiliang@tup.tsinghua.edu.cn
印 装 者：北京同文印刷有限责任公司
经　　销：全国新华书店
开　　本：185mm×260mm　　　　印　张：10　　　　　字　　数：180 千字
版　　次：2025 年 10 月第 1 版　　　　　　　　　印　　次：2025 年 10 月第 1 次印刷
定　　价：45.00 元

产品编号：104851-01

序

本书的内容和篇章结构参照高等教育出版社出版的"马克思主义理论研究和建设工程重点教材"《西方经济学(第二版)》(上册),即微观部分。为了行文和阅读的方便,且由于我国目前已普遍使用,故本书中简化使用"课本"一词特指该版教材,而"教材"或"教科书"一词则泛指所有"西方经济学"教材。读者亦可根据上下文语境加以理解。

"西方经济学"是当今高等院校经济管理类学生的重要课程。教材教辅市场上已有大量的参考书、习题集等教辅材料,那么,编写这样一本"学习手册"有什么价值呢?

本编写组成员在认真研读教材的基础上,广泛查阅了市场上已有的主要参考书和习题集,发现存在这样的问题。一方面,和国外教材相比,我国教材的编写风格强调精练、准确、重点突出,而与知识点相关的背景介绍和评析往往限于篇幅大多只能一笔带过,其他延伸性和扩充性的内容更是完全由授课教师根据课时和学生接受能力自主选择补充。另一方面,大多数学生在学习上也习惯了应试思维,偏好"把书读薄"的过程,而忽略了"把书读薄"之前应先"把书读厚"的过程。与此同时,在大数据和信息化时代,学生能在互联网找到包括公开课在内的海量学习资料,但实际上,对于多数本/专科生来说,尚不具备独立查阅资料从而"把书读厚"的能力。

目前市面上的大多数参考书和习题集仍然迎合了学生"把书读薄"的偏好,忽略了"把书读厚"的重要性,遵循应试思维,对教材内容反复"蒸馏",精要再精要;习题则以反复练习(学生口中的"刷题")为目标和特点,并没有起到补充教材、增进理解的作用。用经济学的话讲,这也算是体现了学生阅读参考读物之目的的"显示性偏好"。

作者认为,此种课程教学方式并不适用于经济学这样的社会科学,更不适用于对西方经济学的批判性学习,学生通过这种方式学习的西方经济学知识难免是浅薄的、教条的。

因此,作者希望通过本书给学生提供一个"把书读厚"的途径。这种"读厚"应是以课本为中心的,不应该通过纳入过多的高级知识和难题来实现,这就偏离了教辅服务教材学习的初衷。同时,尽力做出权衡,将全书篇幅控制在一个适中的程度,便于携带和翻阅。对于市面上参考书和习题集已反复讲解的内容,本书仅出于保持阅读的通顺和完整的目的,而作最必要的说明;教师在课堂上势必会深入讲解的知识,本书也不再赘述,免有"东施效颦""班门弄斧"之嫌。对于扩展性的内容,本书则以低年级本/专科生能接受的程度为准,有选择地概括其要点,并不展开分析。总而言之,本书是对教材、课堂教学和课后习题的一个额外补充,供学有余力且对经济学确实抱有兴趣的学生阅读。另外,考虑到本书主要为初学者学习使用的教辅材料,因此为了优化阅读体验,本书中参阅的文献,除了案例及其他少数必要之处,不再一一标明具体出处。

本书每章分为如下若干部分:"本章导学""本章提纲梳理""知识图谱和部分概念阐释""基础练习""进阶练习""经济思维和案例课堂"和"知识边界延伸"。

本书的"基础练习"和"进阶练习"多选编、改编自现有参考书。在选用和改编的过程中,不追求多、难、全,而是尽量使"基础练习"对基本知识点具有一定的代表性,"进阶练习"对延伸性的概念和结论有一定的展示和提炼。在问题设置上,也给予了充分引导,试图做到练习的目的是更好地体会知识内容,而不是强化应试。值得注意的是,不应认为"进阶练习"就比"基础练习"难,将"进阶练习"等同于"难题"就丧失了本书编选习题的初衷。

本书由福州大学经贸系与工程经济学教学团队,主要成员包括龙厚印、白瑜婷、刘秀玲、许娇、余秀艳、沙莉、喻翠玲、蔡乌赶、裴宏等(按姓氏笔画排序),由裴宏负责整理、修订和统稿。感谢王诗桿和张超阅读初稿并提出修改意见。以下同学参与了部分内容的编写工作:刘依(第一章)、潘东奇(第三章)、梁梦佳(第四章)、许心怡(第六章)、闫婷丽(第八章)。在此一并表示感谢。

由于作者水平有限,编写时间仓促,故难免存在纰漏,请广大同仁和读者批评指正。

作　者

目　　录

第一章　导论和供求理论

一、本章导学

供求理论是微观经济学乃至整个西方经济学中最基本的理论之一，用于研究市场交换中商品价格和数量的决定因素和变动关系。供求理论通过分析供给和需求的关系，帮助我们理解市场价格及市场中的资源配置。

商品交换中的供求思想普遍存在于人类的各个文明之中，最早的起源已无从考证。作为一个相对系统的学说，西方经济学定型于19世纪末到20世纪初。此时西方经济学明确了基于供给曲线和需求曲线的均衡分析方法，认为商品的价格决定于供求双方的相对力量。英国经济学家马歇尔作了形象的比喻：若单纯想从供给和需求的某一侧说明价格的决定，无异于是想说清楚一张纸是从剪刀的哪一个锋刃剪下来的。

早年的供求理论只限于对普通商品交换进行分析。但随着时间的推移，经济学家把供求原理几乎推广到生活的各个方面，供求理论也成为西方经济学中最基本和最重要的理论之一。由于供求分析对西方经济学来说如此重要，以至于有这样一个笑话：找到一只鹦鹉，教会它说"供给"和"需求"这两个词，便培养出了一个经济学家。

在西方经济学漫长的发展过程中，如今我们在教科书中学到的被称作"新古典"微观经济学的内容和范式，主要是在20世纪30—40年代由以希克斯（Hicks）、霍特林（Hotelling）和萨缪尔森（Samuelson）等为代表的英美（尤其是美国）经济学家，在19世纪下半叶的"边际革命"和马歇尔折中体系的基础上进行发挥、改造和重建的。因此，它是20世纪30—40年代英美国家经济现实和社会思潮的特殊产物，其研究内容和结论既无法反映那个时间节点之前的"历史"（如重农学派、古典学派、历史学派和制度学派等),也没有充分体现那个时间节点之后的"未来"(如后来的心理-行为经济学、实验经济学、演化经济学等),同时也不完全体现和契合英美两国之外的情况,如"诺贝尔经济学奖"得主、美国经济学家斯蒂格勒(Stigler)就曾说:法国与德国从整体上来说对现代经济分析的发展没有什么贡献。西方经济学(特别是所谓主流的"新古典"经济学)所介绍的不是一门"普世"的、"亘古不变"的科学真理,这一点要和自然科学所研究的规律加以区别。

总之,现行教材所讲授的西方经济学主要内容形成于 19 世纪末到 20 世纪初,反映了第二次工业革命时代英美国家的经济运行特征和经济规律,同时也反映了当时资本主义国家的资产阶级意识形态,本质上是为资产阶级利益辩护和服务的学说。而如今,随着数字经济时代的来临,许多经济规律已经发生了一定变化,我们不能教条地"鹦鹉学舌",而是要客观地进行研究,因时制宜地加以运用。对于西方经济学,我们必须从马克思主义基本原理出发,结合我国经济发展中的实际,取其精华,去其糟粕,学习、借鉴其合理成分,服务中国特色社会主义市场经济,切忌盲目照搬。

二、本章提纲梳理

章　节		知 识 要 点	学习难点
导论	第一节 什么是西方 经济学	◇ 西方经济学的界定 ◇ 微观经济学和宏观经济学的区别 ◇ 西方经济学所包含的科学因素和阶级属性	—
	第二节 西方经济学的 由来和发展	◇ 西方经济学发展简史	—
	第三节 西方经济学的 研究对象	◇ 研究起点:稀缺性 ◇ 研究对象:稀缺条件下有效配置资源和分配财富 ◇ 西方经济学研究对象的局限性	—
	第四节 西方经济学的 研究方法	◇ 个人主义的方法论 ◇ 基本假设:自利的理性人 ◇ 实证分析与规范分析 ◇ 西方经济学研究方法的局限性	★ "自利""自私""利他主义行为"

续表

章　　节		知 识 要 点	学习难点
导论	第五节 怎样学习西方 经济学	◇ 如何用马克思主义立场正确地看待西方经 　济学 ◇ 如何紧密联系中国特色社会主义实践	—
第一章 需求、供给 与价格均衡	第一节 需求	◇ 需求的概念：需求和需求量 ◇ 需求表、需求函数和需求曲线 ◇ 需求规律（吉芬难题） ◇ 需求曲线的典型形态和特例 ◇ 影响需求的主要因素 ◇ 互补品和替代品：概念和性质 ◇ 从单个消费者需求推导市场需求	—
	第二节 供给	◇ 供给的概念：供给和供给量 ◇ 供给表、供给函数和供给曲线 ◇ 供给规律 ◇ 供给曲线的典型形态和特例 ◇ 影响供给的主要因素 ◇ 从单个生产者供给推导市场供给	—
	第三节 市场均衡	◇ 市场均衡的含义 ◇ 关于市场均衡变动的分析 ◇ 蛛网模型	★ 蛛网模型的 　求解和动态 　稳定性
	第四节 弹性	◇ 弹性的含义和数学定义 ◇ 各种价格弹性及其影响因素 ◇ 从缺乏弹性到富有弹性 ◇ 弧弹性和点弹性 ◇ 正常品和低档品 ◇ 奢侈品和必需品	★ 弹性的相关 　计算（或弹性 　大小的判断）
	第五节 供求分析的 应用事例	◇ 支持价格和限制价格的含义及分析 ◇ 税收效应（固定税收）的分析及其结论 ◇ "薄利多销"和"菜贱伤农"	—
	第六节 本章评析	◇ 供求价格论及供求分析的缺陷 ◇ 市场自发调节的盲目性	—

三、知识图谱和部分概念阐释

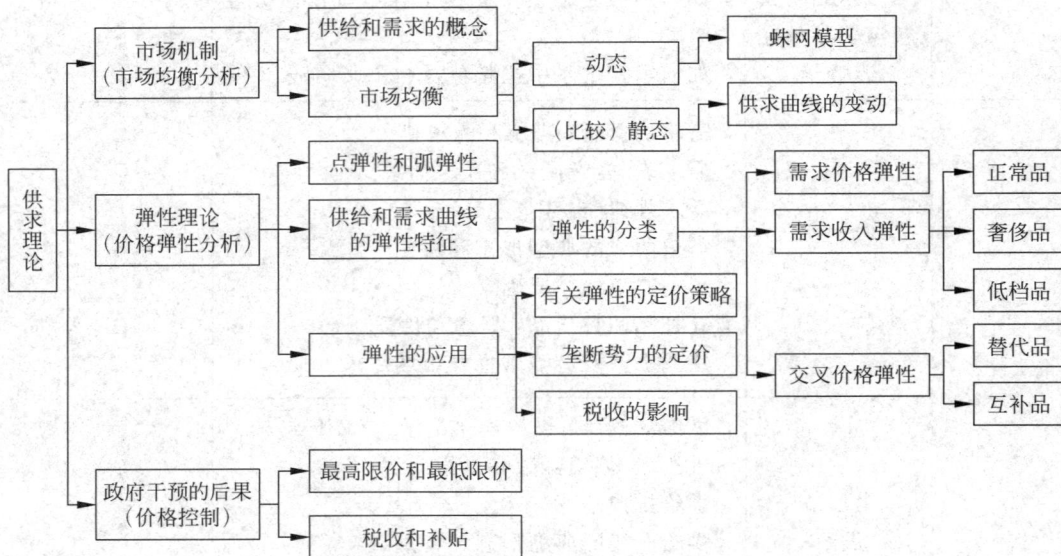

```
供求理论
├─ 市场机制(市场均衡分析)
│   ├─ 供给和需求的概念
│   └─ 市场均衡
│       ├─ 动态 ── 蛛网模型
│       └─ (比较)静态 ── 供求曲线的变动
├─ 弹性理论(价格弹性分析)
│   ├─ 点弹性和弧弹性
│   ├─ 供给和需求曲线的弹性特征 ── 弹性的分类
│   │       ├─ 需求价格弹性
│   │       ├─ 需求收入弹性 ── 正常品/奢侈品/低档品
│   │       └─ 交叉价格弹性 ── 替代品/互补品
│   └─ 弹性的应用
│       ├─ 有关弹性的定价策略
│       ├─ 垄断势力的定价
│       └─ 税收的影响
└─ 政府干预的后果(价格控制)
    ├─ 最高限价和最低限价
    └─ 税收和补贴
```

第一章的知识图谱

1. 需求和需求量

一种商品(或服务)的需求源于消费者的欲望,具体表现为消费者对该商品有支付能力的需要。一种商品的需求数量取决于多种因素,其中最重要的因素是该商品的价格。在某一特定时期内,对于某种给定价格的商品,消费者愿意并且能够购买的该商品的数量,被称为这一价格下的该商品的需求量,简称需求量。

2. 需求函数

消费者对某种商品的需求可以用需求函数表示。在其他条件不变的情况下,需求函数反映了需求量与商品价格之间的对应关系。用 p 表示某种商品的价格,Q_d 表示消费者对该商品的需求量,则消费者对该商品的需求可以表示为 $Q_d = D(p)$。

3. 需求曲线

消费者对某种商品的需求也可以用需求曲线表示。需求曲线是根据商品所有可能的价格及与其对应的需求量的组合,在坐标平面中描绘出来的一条曲线。在经济学中,习惯上用横轴表示消费者对商品的需求量,用纵轴表示商品的价格。

4. 供给及供给量

作为生产者的企业是决定商品(或服务)供给的一方。在其他条件不变的情况下,生产者对于某种商品的供给是指,某一特定时期内生产者在各种可能的价格条件下,愿意并且能够提供的该种商品的数量。或者说,在某一特定时期内,对应于一个给定的价格,生产者愿意并且能够提供的商品数量被称为该价格下的供给量。

5. 供给函数

在其他条件不变的情况下,供给函数表示生产者对某种商品的供给量与价格之间的对应关系。以 p 表示商品的价格,以 Q_s 表示生产者对该商品的供给量,则生产者对该商品的供给函数可以表示为 $Q_s = S(p)$。

6. 供给曲线

生产者对某种商品的供给也可以借助供给曲线来表示。供给曲线是在其他条件不变的情况下,根据商品所有可能的价格与生产者在这些价格条件下的供给量的组合,在坐标平面中描绘出来的一条曲线。与需求曲线类似,习惯上用横轴表示生产者对商品的供给量,用纵轴表示商品价格。

7. 弹性

经济学中用弹性来衡量一个经济量(如 y)相对另外一个经济量(如 x)变动的敏感程度。该敏感程度用 y 变动的百分比除以 x 变动的百分比来计算,并以此定义弹性系数(记为 ε):

$$\varepsilon = \frac{\Delta y/y}{\Delta x/x} \tag{1-1}$$

8. 弧弹性

式(1-1)即弧弹性公式。在实际计算中,$\Delta y = y_{末} - y_{初}$,$\Delta x = x_{末} - x_{初}$,而 y 可取 $y_{初}$ 和 $y_{末}$ 的平均值,即 $y = \frac{y_{末} + y_{初}}{2}$,同理 $x = \frac{x_{末} + x_{初}}{2}$。有些文献中亦使用初点或末点之一作为式(1-1)中 x 和 y 的数值。

9. 点弹性

在式(1-1)中,若变量 Δx 无限趋于零,则 Δy 亦无限趋于零,由此可得到点弹性的定义:

$$\varepsilon = \lim_{\Delta x \to 0} \frac{\Delta y/y}{\Delta x/x} = \frac{dy}{dx} \cdot \frac{x}{y} \tag{1-2}$$

由式(1-2)可知点弹性就是弧弹性的极限情况,而弧弹性就是一段曲线上点弹性的平均情况。

10. 需求的价格弹性

在式(1-1)中,若 x 为价格,y 为需求量,则可得到需求的价格弹性 ε_p:

$$\varepsilon_p = -\frac{\Delta Q/Q}{\Delta p/p} \qquad (1-3)$$

同样,也可以按照式(1-2)来定义需求的价格弹性的点弹性形式。注意,在式(1-3)中出现一个负号,这仅仅是为了保证计算出的弹性为正数,便于比较大小。

11. 需求的交叉价格弹性

一种商品的需求也可能受到另外一种商品价格的影响,其影响程度可以用需求的交叉价格弹性加以衡量。需求的交叉价格弹性简称为需求的交叉弹性,它表示一定时期内,由于一种商品(如 B)价格的变动,导致另一种相关商品(如 A)需求量变动的敏感程度。需求的交叉弹性 ε_c 定义为

$$\varepsilon_c = \frac{\Delta Q_A/Q_A}{\Delta p_B/p_B} \qquad (1-4)$$

注意,式(1-4)中没有负号,这是为了根据计算所得的正负值区分互补品和替代品。

四、基础练习

1. 选择题

(1) 下列几组商品中交叉价格弹性为负的有(　　　)。

    A. 面粉和大米　　　　　　　　　B. 汽油和汽车

    C. 羊肉和牛肉　　　　　　　　　D. 篮球和足球

(2) 当出租车收费标准调高后,公共汽车服务市场将(　　　)。

    A. 需求减少　　　　　　　　　　B. 需求增加

    C. 需求曲线左移　　　　　　　　D. 需求无法确定

(3) 粮食市场的需求是缺乏弹性的,当粮食产量因灾害而减少时(　　　)。

    A. 粮食生产者的收入减少,因粮食产量下降

    B. 粮食生产者的收入增加,因粮食价格会更大幅度上升

    C. 粮食生产者的收入减少,因粮食需求量会大幅度减少

    D. 粮食生产者的收入不变,因粮食价格上升与需求量减少互相抵消

(4) 下列商品中,需求价格弹性最大的是(　　　)。

　　A. 服装　　　　　　　　　　　　B. 化妆品

　　C. 大米　　　　　　　　　　　　D. 食盐

（5）需求量的变动是指（　　）。

　　A. 由自身价格变动引起的需求量的变动

　　B. 由非自身价格因素引起的需求量的变动

　　C. 需求曲线的移动

　　D. 以上均正确

（6）某一时期内电冰箱的供给曲线向右移动的原因可以是（　　）。

　　A. 电冰箱的价格下降

　　B. 生产者对电冰箱的预期价格上升

　　C. 生产冰箱的要素成本上升

　　D. 消费者的收入上升

（7）在绘制棉花种植户的供给曲线时,除下列哪一个因素以外,其余均应保持为常数?（　　）

　　A. 土壤的肥沃程度　　　　　　　B. 棉花种植面积

　　C. 技术水平　　　　　　　　　　D. 棉花的价格

（8）若某消费者的收入增加了20%,且该消费者对某商品的需求量上升了5%,则该商品的需求收入弹性（　　）。

　　A. 大于1　　　　　　　　　　　B. 小于1

　　C. 等于1　　　　　　　　　　　D. 等于0

（9）假设某耐用消费品的需求函数 $Q_d=400-5p$,均衡价格为50元,若供给曲线不变,当需求函数变为 $Q_d=400-10p$ 时,均衡价格将（　　）。

　　A. 低于50元　　　　　　　　　　B. 高于50元

　　C. 等于50元　　　　　　　　　　D. 无法判断

（10）某商品的替代品和互补品价格同时上升,引起该商品的需求变动量分别为50单位和80单位,则在它们共同作用下,该商品的需求数量将（　　）。

　　A. 增加30单位　　　　　　　　　B. 减少30单位

　　C. 增加130单位　　　　　　　　D. 减少130单位

（11）若供给曲线上每一点的点弹性都等于1,则该供给曲线只能是（　　）。

　　A. 过原点的45°线　　　　　　　B. 反比例函数第一象限部分

　　C. 平行于横轴的直线　　　　　　D. 垂直于横轴的直线

（12）若需求曲线上每一点的点弹性都等于1,则该需求曲线只能是（　　）。

    A. 过原点的 45°线   B. 反比例函数第一象限部分

    C. 平行于横轴的直线   D. 垂直于横轴的直线

(13) 两种替代品中的一种商品价格上升会使另一种商品的价格(   )。

    A. 上升   B. 下降

    C. 不变   D. 无法判断

(14) 两种互补品中的一种商品价格上升会使另一种商品的价格(   )。

    A. 上升   B. 下降

    C. 不变   D. 无法判断

(15) 影响一种商品需求量的因素为(   )。

    A. 商品本身的价格   B. 消费者的收入水平

    C. 相关商品的价格   D. 消费者的偏好

(16) 如果人们收入水平提高,则食物支出在总支出中的比重将(   )。

    A. 大大增加   B. 稍有增加

    C. 下降   D. 不变

(17) 下列所有因素中哪一种不会使需求曲线移动?(   )

    A. 消费者收入变化   B. 商品价格变化

    C. 互补品价格变化   D. 替代品价格变化

(18) 若 x、y 两种产品的交叉价格弹性为 -2,则(   )。

    A. x 和 y 是替代品   B. x 和 y 是互补品

    C. x 和 y 是低档品   D. x 和 y 是正常品

(19) 小麦歉收导致小麦价格上升,在这个过程中(   )。

    A. 小麦供给的减少引起需求量的下降

    B. 小麦供给的减少引起需求下降

    C. 小麦供给量的减少引起需求量的下降

    D. 小麦供给量的减少引起需求下降

(20) 如果某商品的供给弹性为无穷大,那么该商品的需求增加时(   )。

    A. 均衡价格和均衡产量同时增加

    B. 均衡价格和均衡产量同时减少

    C. 均衡产量增加但均衡价格不变

    D. 均衡价格上升但均衡产量不变

2. 计算题

(1) 假设某水果的需求曲线为 $p=120-3Q$,其供给曲线为 $p=3Q$。式中 p 为

水果价格(元/千克),Q 为交易数量(千克)。请问:

① 每千克水果的均衡价格是多少?

② 该水果的均衡产量是多少?

③ 若政府为该水果规定的最低价格为 80 元/千克,并采用以下支持措施:卖出低于最低价格的水果,其差额由政府补偿。若要维持这个价格,政府将花费多少钱?

④ 若由于消费者收入增加,导致需求曲线变为 $p=180-3Q$。此时该水果的均衡产量为多少? 若要维持最低价格,此时政府将花费多少钱?

⑤ 在④的需求条件下,若由于技术进步导致供给曲线变为 $p=Q$。那么此时该水果的均衡产量是多少? 政府又将花费多少钱?

(2) 图 1-1 为某商品的三条需求曲线,请判断 A、B、C、D 各点价格弹性的大小。

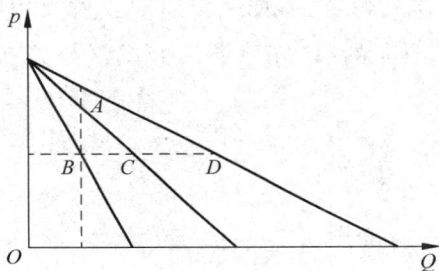

图 1-1　某商品的三条需求曲线

(3) 若某商品的市场需求曲线为 $Q_d=100-10p$,当价格为 4 元时需求的价格点弹性是多少? 为了使销售收入增加,商家应使用"薄利多销"的策略吗?

五、进阶练习

1. 选择题

(1) 在估计某条弯曲的需求曲线的弹性时,我们通常只能利用一段弧上的弧弹性来估计某点的点弹性。那么下列哪种情况发生时估计的优度将得到改善?(　　)

　　A. 弧长变短时

　　B. 弧的曲率变小时

　　C. 弧长和曲率都变化时

　　D. 弧长和曲率都不变时

(2) 若需求曲线为向右下倾斜的一条直线,则当价格从最大值(即需求曲线和纵轴的交点)移动到 0 时,卖者的总收益将(　　)。

A. 不断增加

B. 在开始时趋于增加,达到最大值后趋于减少

C. 不断减少

D. 在开始时趋于减少,达到最小值后趋于增加

(3) 已知某种商品目前的均衡交易量是 1000 单位,现假定购买者收入增加,使需求曲线向右平移了 500 单位,那么在新的均衡价格水平上,购买者的购买量是(　　)。

A. 1000 单位

B. 大于 1000 单位但小于 1500 单位

C. 1500 单位

D. 无法判断

(4) 在不存在垄断情况的市场上,如果政府对卖者出售的商品每单位征税 8 元,那么这种做法将引起这种商品的(已知该商品的供给与需求曲线具有正常的正斜率和负斜率)(　　)。

A. 价格上升 8 元

B. 价格上升小于 8 元

C. 价格上升大于 8 元

D. 以上结果均有可能

(5) 假设某市场由两个消费者 1 和 2 组成,他们对商品 x 的需求函数分别为 $D_1 = n + \dfrac{\alpha_1 m_1}{p_x}$ 和 $D_2 = \dfrac{\alpha_2 m_2}{p_x}$,保持总收入不变($M = m_1 + m_2$),通过收入再分配政策将消费者 2 的一部分收入转移给消费者 1,则商品 x 的需求会发生什么变化?(　　)

A. 增加　　　　　　　　　　　B. 减少

C. 不变　　　　　　　　　　　D. 无法判断

(6) 某市场由两个消费者组成,假设他们的需求函数满足 $q_i = a_i - b_i p (i = 1, 2)$,那么在任意价格水平 p 上,以下关于市场需求价格弹性和个人需求价格弹性关系的说法正确的是(　　)。

A. 市场需求价格弹性小于任何一个人的需求价格弹性

B. 市场需求价格弹性大于任何一个人的需求价格弹性

C. 市场需求价格弹性介于两个人的需求价格弹性之间

D. 无法确定

(7) 按照蛛网原理,若假设供给曲线和需求曲线均为直线,则该市场收敛于均衡的条件是(　　)。

　A. 供给曲线的斜率大于需求曲线的斜率

　B. 供给曲线的斜率小于需求曲线的斜率

　C. 供给曲线的斜率等于需求曲线的斜率

　D. 以上都不正确

（此处斜率值均指其绝对值）

2. 计算题

（1）已知某完全竞争产品市场的供求曲线分别为 $Q_d = 200 - 4p$，$Q_s = -40 + 2p$，那么请问：

① 市场均衡价格和产量是多少？

② 若政府对每单位产品征收 4.5 元消费税，则均衡价格和销售量有什么变化？

（2）试证明，当且仅当需求曲线形如 $Q = Ap^{-n}$（其中 A 为非零常数）时，该需求曲线上每一点的价格弹性均为 $e_d = n$。

（3）假设某商品销售量中的 20% 由 80 个消费者购买，他们每个人的需求价格弹性均为 -2；80% 的销售量由另外 20 个消费者购买，他们每个人的需求价格弹性均为 -3。试问这 100 个消费者总的需求价格弹性为多少？

（4）某食品公司对其产品需求与居民收入之间的关系进行了估计，估计结果表明两者之间可用函数 $Q = 300 + 0.1m$ 表示，函数中 Q 为需求量，m 为消费者的收入。

① 请问该商品是低档品、正常品还是奢侈品？

② 求消费者收入水平分别为 5000 元和 10000 元时的需求量，并求相应的收入点弹性。

③ 若该商品是该公司唯一的产品，试问：如果国民经济处于迅速发展时期，该公司的产量增长率能不能快于国民收入的增长率？为什么？

④ 请结合恩格尔定律推测该商品会是一种食物吗？

六、经济思维和案例课堂

第一章习题答案

阅读以下材料[①]并回答问题。

受多种因素叠加性影响，我国当前经济发展面临着诸多挑战，实体企业的"脱实向虚"就是其中之一。微观上，这种"脱实向虚"主要表现为实体企业金融化，即企业

---

① 于波，范从来.需方企业金融化如何影响其商业信用融资？——基于供需双边视角.南京社会科学，2023，2.

金融资产投资增加而生产性投资减少,企业开展实体性生产的意愿下降。作为虚拟经济的典型代表,金融业凭借其资源禀赋稀缺性在市场中获得了持续性的高额回报。而作为实体经济的支柱,制造业的实际利润率持续下滑,导致投资吸引力下降、创新能力不足和边际报酬递减,加之资金在金融体系内循环空转和自我膨胀,金融业与制造业之间的效益"鸿沟"持续扩大。据国家统计局数据,2010—2020 年,金融业增加值年均增速达到 22.7%,远高于工业增加值 9% 的增速;虽在 2018 年到达峰值后逐年下降,但仍处于高位水平。另据 Wind 数据,2021 年共有 1302 家 A 股上市公司购买理财产品,认购金额约为 13579 亿元。

试从供需分析的视角分析,这种实体企业金融化会对商业信用融资以及物质商品的供需产生何种影响。

七、知识边界延伸

1. 新古典经济学

在今天,新古典经济学已是西方经济学的主流理论,但其内涵和外延却十分复杂。在一般场合下,它往往是一个宽泛的概念,用于描述基于效用-利润最大化范式进行经济研究的一系列理论学说。

若深究起来,"新古典"一词可追溯至 19 世纪下半叶,当时的英国经济学家马歇尔自认传承了以约翰·穆勒为代表的英国古典学派,由于只是在研究方法上进行了革新,引入了微积分等数学技巧,同时吸收了当时的一些新观点,于是进行了折中,故称为"新古典"。

但随着 20 世纪国际形势的变化,美国逐步取代英国成为西方经济学研究的中心。以希克斯等的研究为发端,经由以萨缪尔森为代表的一批数学家、统计学家和经济学家在经济学的严格化和数学化上的努力,新古典学说几乎完全重构。这场经济学变革有时也以意大利经济学家帕累托为名,被称作帕累托复兴。后经美国系列知名教科书在世界范围内的传播,逐渐成为西方经济学的主流学说。

此后,新古典微观经济学的基本范式不再发生重大变化,而是陆续将一些新的、能适应(或经过改造能适应)该基本范式的研究成果吸收到体系内部,甚至出现了所谓的经济学帝国主义倾向,即将效用-利润最大化这一分析框架泛化到一切社会问题的研究中。这些过程使得新古典经济学的内涵和外延进一步复杂化,也产生了一系列问题。

2．古典学派

古典学派是由英国政治家、经济学家威廉·配第"预演"，以亚当·斯密 1776 年的《国富论》（即《国民财富的性质和原因的研究》）为发端的学说体系。这个学说体系几乎主导了整个 19 世纪的英国经济学，并深刻影响了法国、德国、奥地利等欧洲国家，后在亚洲亦有传播。英国古典学派的主要代表人物是亚当·斯密、李嘉图、马尔萨斯和约翰·穆勒。

古典学派在早期发展阶段固然无法避免资产阶级局限性，但其对资本主义经济的分析尚具有一定科学成分（如李嘉图的学说）。19 世纪 30 年代以后，古典学派逐步进入后期阶段，其理论学说趋于庸俗化。一般认为，英国古典学派发展的历史以约翰·穆勒及其学生在 19 世纪 70 年代的作品为终点。

法国古典学派的知名代表人物有萨伊和西斯蒙第，他们的学说和英国古典学派不完全相同，具有鲜明的法国特征。德国、奥地利等国的古典学派亦是如此。

3．边际革命

"边际革命"一词用于形容发生在 19 世纪 70 年代的一场经济学思想变革。这场变革的发起人是英国经济学家杰文斯、法国经济学家瓦尔拉斯和奥地利经济学家门格尔。

"边际"一词用于形容一个变量连续变化过程中的"最后一单位"，比如吃掉的"最后"一个冰淇淋、生产的"最后"一辆汽车等。

"边际革命"就是以"边际量"为研究中心，重构经济学理论的理论变革。尽管在今天"边际"思想和数学分析密切相关（通常是指微积分中的导数），但应当认识到，在当时的"边际革命"中只有杰文斯和瓦尔拉斯使用了微积分，而门格尔则是从心理学的角度对"边际"一词加以阐述。"边际"一词最早由门格尔的学生维塞尔使用，由于奥地利学派注重心理而非数学方法，因此维塞尔没有使用"导数"这个数学术语。后来这个术语在英语世界由英国经济学家菲利普·威克斯蒂德第一次使用，由此就保留了下来。

人们通常认为，马歇尔吸收了边际革命的成果，和古典传统相调和，建立了"新古典"学说，"边际革命"则被视作现代西方经济学的"诞生"时刻。

当然，以上叙事是目前的主流看法，在具体细节上仍存在争议。

4．西方经济学的研究起点

在今天，"经济学是一门研究资源有效配置的学问"已成为对经济学的常见表述，而这句话在具体的学术研究中常被实践为"消费者效用最大化"和"生产者利润最大化"问题。实际上,这个认识却是在 20 世纪 30—40 年代才产生的,在此之前(以及后来经济学帝国主义形成之后),西方经济学并未如此限制自己的研究范围。

这句话的起源是 1932 年,伦敦经济学院的莱昂内尔·罗宾斯说,经济学是将人类行为作为目的与具有竞争性用途的稀缺手段之间关系来研究的科学。罗宾斯推动经济学摆脱了马歇尔传统(前文提及的希克斯是罗宾斯的学生),后来萨缪尔森在他的教科书中进一步明确:经济学研究的是一个社会如何利用稀缺的资源生产有价值的商品,并将它们在不同的人中间进行分配。

可见,现今对经济学的表达是 20 世纪 30—40 年代英美经济学研究转向的产物。在同一时代,英国的剑桥大学则在马歇尔的学生阿瑟·庇古和凯恩斯的推动下,更关注宏观经济问题,于是西方经济学中的微观经济学和宏观经济学的分野延续至今。作为研究范式分道扬镳的延伸,凯恩斯留在剑桥的门徒们(如斯拉法、琼·罗宾逊等)后来和美国的萨缪尔森等爆发了"两个剑桥之争"。

5. 经济学的研究方法:逻辑演绎法和数学化

西方经济学有热衷逻辑演绎研究的传统,人物以 19 世纪初的李嘉图,事件以 19 世纪下半叶的边际革命等最为典型。这种方法推崇对现实问题进行抽象,得到一系列概念和"规律",然后用逻辑推理的方式得出结论。

20 世纪 30 年代以后,希克斯、萨缪尔森等将逻辑演绎方法进一步形式化、数学化,从此奠定了当代西方经济学高度数学化的研究范式。在这个过程中,一个代表性的事件是杂志《经济计量学》的创办。这个杂志的发刊词是:经验证明,统计学、经济理论和数学三个方面之一,是实际理解现代经济生活中数量关系的必要条件,但任何一方面本身都不是充分条件,这三者的统一才是强有力的工具,正是由于这三者的统一才构成了经济计量学。

这种变革由一系列因素共同促成:其一,当时的经济学主要用文字阐述,得出结论的过程比较随意,客观上需要借用数学的方法进行严格表达和推理;其二,当时的经济学家中有相当一部分是统计学家和数学家,为经济学的数学化提供了必要的专业背景;其三,当时物理学的繁荣使得不少经济学家主观上存在着"物理钦羡症"(physics envy),希望将经济学打造成和物理学一样的硬科学。

但是在这样的研究过程中,研究者往往抽象掉了历史、文化和制度的因素,从而远离现实,成为一种象牙塔中的"黑板经济学",且常常用数学化的研究标榜自己的中立性和科学性,因此这套方法论一直饱受多方批评。

关于经济学受自然科学的影响,这里还以马歇尔为例,他在经济学中非常强调所谓"连续性"的概念。马歇尔从未说清楚所谓的连续性到底是什么,但是他在 1890 年的《经济学原理》中借用了达尔文在《物种起源》中的说法:自然不会跳跃(拉丁语 natura non facit saltum)到了 1919 年,受到当时流行的量子物理学的影响,他将说法改为自然害怕跳跃(natura abhorret saltum)。

6. 形式统一的西方经济学

在对西方经济学的学习中,我们很容易体会到优化在西方经济学中的核心地位,以及由此延伸出消费者理论和生产者理论的高度对称性。不少学者亦沉浸于其"优美"形式中。

早在哈佛读书时,萨缪尔森就认识到,可以用数学上的最大化方法在形式上统一西方经济学。他和其他一些经济学家经过努力,终于完成了这个工作,但是在追求形式统一的过程中,他们也不得不放弃了很多精彩的经济思想。1947 年,萨缪尔森出版了令他声名鹊起的《经济分析基础》,如今的西方经济学体系深受这本书的影响。

不过据说,当时正在研究博弈论的数学家兼经济学家冯·诺依曼拒绝对这本名噪一时的著作发表公开评论,但他却在私下表示,这本书像是一个 18 世纪的学者就可以写出的小册子。显然,在数学形式上的简洁、统一和优美,并不是一个卓越的经济学理论的决定性条件。

7. 供给和需求的影响因素

在西方经济学中,供给和需求被视作两种独立的事物。但是在现实中,企业在创造供给时,往往利用广告等方法创造公众的需求,因此可以说,在当代市场经济中,需求实际上总是深受供给的影响,二者密不可分。这在当今的数字经济时代尤为典型,可能正是由于这个日常经验,很多初学者在思考供给和需求的影响因素时,往往将二者混合在一起。事实上,将供给和需求混在一起的误解早已有之。斯蒂格勒曾回忆说,20 世纪 30 年代自己还在芝加哥大学当学生时,他的老师让一位学生把影响商品需求弹性的因素列举出来,这名学生一开始表现得不错,但后来却把供给因素当作了需求因素。无论如何,在西方经济学中,需求和供给一定要区分开来。

8. 西方经济学历史上的第一个需求规律和需求曲线

通常认为,西方经济学历史上的第一个需求规律和需求曲线是英国重商主义者查尔斯·达维南特在 1699 年所提出的。基于当时的一些统计数据,他提出了英国谷物的价格和产量之间的关系,如表 1-1 所示。

表 1-1　英国谷物的价格和产量之间的关系

谷物产量减少	谷物价格上升	谷物产量减少	谷物价格上升
1/10	3/10	4/10	28/10
2/10	8/10	5/10	45/10
3/10	16/10		

绘制成图形,如图 1-2 所示。

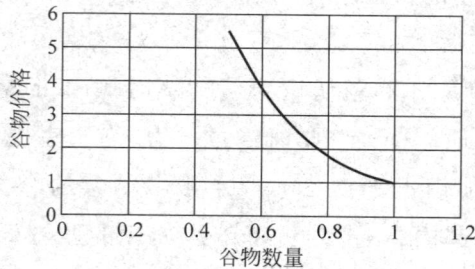

图 1-2　达维南特-金定律

这个关系被称为达维南特-金定律(这里的"金"指的是达维南特的好友格里高利·金,达维南特声称是"金"提供了原始的数据)。后来到了 19 世纪末,英国经济学家马歇尔将上述内容理解为需求表。于是,表 1-1 的关系和图 1-2 的曲线就被大多数西方经济学家分别视作第一条需求规律和需求曲线。英国经济学家杰文斯在 19 世纪还曾对这条曲线进行了数值上的拟合,将其拟合为一条反比例函数。当然,也有部分西方经济学家对这一定律表达了激烈的批评,认为这个数据根本不可靠,也不是真正意义上的需求定律。

9. 为什么要引入弹性的概念

以需求的价格弹性为例。在学习过程中,因为大多是在知道需求曲线的条件下,根据定义或弹性公式计算需求弹性,因此弹性好像只是一个纯粹的计算练习。事实上也确实如此,弹性就是为了从需求曲线中抽取关于需求和价格关系中最重要的信息而创造的概念,既然题干中已经有了需求曲线本身,再计算弹性概念确实多余。但在现实中,人们无法观察到一个真实的需求曲线,只能通过有限的事后数据来反推一些有关需求曲线的信息,此时弹性就能起到很大作用。事实上,在制定产业经济政策、反垄断等实践领域中,弹性已经成了非常重要且实用的概念。

10. 商品和资源配置概念的补充

一般的微观经济学教材对于商品和资源配置有一些默认的规定。对于商品,一般抽象掉了空间和时间的因素。但理论上讲,具有相同物理属性的商品,在不同地区和不同时间点上,可能具有完全不同的市场性质,因此应该被视作不同种的商品,拥有不同的价格、产量和市场均衡。事实上,在某些复杂的分析中,人们确实也是这么处理的。例如,在考虑包含时间因素的合约问题时,我们要将不同时间点上的同一个产品视作不同的商品,分析其各自的市场和价格;在考虑涉及空间因素的产业结构问题时,要根据地区的不同具体分析其独特的市场规律。从学术角度来看就是,每一个空间和时间状态都有一个市场及与其对应的交易合约,只有合约(标注了商品的价格和交易量)数量和所有的时空状态一一对应,才是真正意义上理想的完全市场。当然,原则上这是不可能的,因此不存在绝对理想的完全市场。初级经济学一般研究的是抽象掉时空因素的市场,并在这种市场上研究市场机制的有效性。

而对于资源配置,微观经济学总是以默认的法律和制度框架为背景,以遵纪守法为默认前提,阐述市场机制配置资源的作用。但在现实中,在经济主体的逐利动机下,客观上难免存在一些不合法、不合规的行为,它们对市场发挥资源配置的积极作用产生了很大的危害。因此在学习西方经济学倡导市场机制理论的同时,不能忽视政府对市场进行监管、规制的必要性。

微观经济学对这样的监管和规制也能起到一定的参考作用。从某种程度上讲,传统的微观经济学分析的是给定法律和制度规则下经济主体的最优行为以及由此产生的市场后果。但微观经济学的前沿之一——机制设计理论,可以认为是上述过程的"逆过程",即给定我们想实现的目标,设计一套最优的法律和制度规则,使得理性的经济主体最终实现了我们想要的目标。这一理论能帮助我们更好地解决市场失灵问题。当然,机制设计理论一般在高级课程中涉及,这里不再具体展开。

11. 西方经济学中"看得见的手"和"看不见的手"的矛盾

在西方经济学体系中,微观经济学往往强调"看不见的手"的概念,即倡导在市场价格机制的调节下,理性经济人在市场上的自发、自利行为将促使资源得到有效配置,最终实现一般均衡和帕累托最优。除了极少数市场失灵(例如公共物品)等问题,政府对市场过程不需要进行过多的干预,政府应当扮演"守夜人"的角色。

而宏观经济学则往往强调"看得见的手"的概念。这是在凯恩斯思想的影响下,认为自发市场必然会产生有效需求不足的问题,需要政府积极运用各类政策(财政政策和货币政策)对经济行为进行积极干预,促进充分就业。

由此可以看出,西方主流经济学体系存在着严重的矛盾,这本质上是因为宏观经济学和微观经济学分别由不同的学者在不同的背景下所创立的。后来萨缪尔森等美国经济学家为了调和这一矛盾,将微观经济学和宏观经济学结合在一起,形成了所谓的新古典综合派。20 世纪 70 年代以前,该理论成了西方经济学的主流体系。但这种调和主要是形式上的,并没有解决二者的核心矛盾。20 世纪 70 年代,随着西方国家滞胀的产生,新古典综合派逐渐失势。时至今日,西方经济学界仍然相信宏观经济学缺乏微观基础。

第二章　消费者行为理论

一、本章导学

本章是第一章市场均衡学说中需求曲线问题的延续,更加系统、深入地对需求曲线的概念和性质进行了说明。

课本中的消费者行为理论的主体部分是多个国家的经济学家百余年研究成果的综合。时代的变迁,各国历史、文化、经济条件的差异,导致这些学者的很多研究内容、方法和结论其实是不一致的,甚至是矛盾的。但是,当代的西方经济学教科书基本上将所有的内容都收纳了进来。这一章最典型的例子就是,课本同时介绍了基数效用论和序数效用论,并尽力将其统一起来。但是,在学好课本知识的同时,我们也应当认识到,基数效用论和序数效用论存在一定的矛盾,不是完全等价的,效用理论还有很大的局限性。

另外,在历史上,对不确定性和风险的研究是和一般消费者行为理论相对独立发展的,它最早是由数学家在对赌局和概率问题的研究中产生的。它的内容不能完全嵌套进消费者行为理论的主体部分,存在一定的矛盾成分,因此在学习过程中不妨将其视作一个单独部分加以理解。

总之,这一章的各个内容元素具有相对独立性。虽然很多教科书或辅导材料尝试整合这些问题并将其体系化,强调不同元素之间的"本质联系",但作者认为从其发展历史和理论现状来看,坦然接受这些学说的独立性甚至它们彼此之间存在的矛盾,从实用的角度来分类学习和应用,只在适当的条件下考虑彼此之间的内在关系,反而能更轻松、全面地掌握相关知识。

另外,在学习方法上,由于消费者行为理论在历史上就是研究者通过自我内省(心理学的基本研究方法之一,即自我观察法)这一研究方法来进行的,因此我们在学习过程中不妨也采用内省的方法来理解相关的知识。这里的所谓内省,简单地说就是从自身作为消费者的日常经验和感受来理解。萨缪尔森曾举过这样的例子来说明经济学家和自然科学家之间的差异,他说:"物理学家无法对自己说'假如我是一片秋叶,会怎样?我会如何随风飘动?',生物学家也无法应用内省来更好地理解 DNA。"

　　数学在经济学中的应用能从一个既定的经济学命题(无论是否正确)在一定假设下推出另一个经济学命题(无论是否符合实际),但它不能保证经济学理论和预测的正确性。在对本章的学习中,我们不能因为引人入胜、环环相扣的数学表达和应用就无限拔高西方消费者行为理论的科学性。

　　事实上,消费者行为理论在今天仍然是一个探索中的理论,课本所介绍的内容仅是西方经济学之"一说",很多内容尚无定论。现实中消费者的心理和行为极为复杂,远非几个方程和图表所能概括的。如果在学习过程中发现了一个不同于课本介绍内容的现象,我们应当以实践为标准,积极而勇敢地去研究它。

二、本章提纲梳理

章　　节		知 识 要 点	学习难点
第二章消费者行为理论	第一节效用理论概述	◇ 欲望和效用的概念 ◇ 基数效用论和序数效用论 ◇ 基数效用论:总效用和边际效用、边际效用递减规律 ◇ 效用最大化及其条件 ◇ 从效用最大化推导个人需求曲线 ◇ 消费者剩余的概念	★ 边际效用递增等"异常"情况 ★ 货币的边际效用
	第二节无差异曲线	◇ 序数效用论:无差异曲线及边际替代率、边际替代率递减规律 ◇ 无差异曲线的典型形状及若干特例	★ 利用多种效用函数求解消费者均衡
	第三节预算约束线	◇ 预算约束线的含义和变动	★ 角点解 ★ 从消费者均衡导出需求曲线 ★ 两种扩展线的计算
	第四节消费者均衡	◇ 消费者均衡的几何意义 ◇ 消费者均衡的代数解 ◇ 收入—消费扩展线 ◇ 恩格尔曲线和恩格尔定律 ◇ 价格—消费扩展线 ◇ 从价格—消费扩展线推导个人需求曲线	

续表

章　节		知　识　要　点	学习难点
第二章 消费者行为 理论	第五节 价格变动的替代 效应和收入效应	◇ 替代效应和收入效应的含义 ◇ 通过补偿预算线几何分解收入效应和替代效应 ◇ 三种类型商品的收入效应和替代效应（普通品、低档品和吉芬商品） ◇ 替代效应和收入效应决定消费者需求曲线的形状	★ 替代效应和收入效应的几何分解 ★ 替代效应和收入效应的定量计算
	第六节 不确定性和风险	◇ 不确定性和风险的概率表示 ◇ 冯·诺依曼-摩根斯坦期望效用 ◇ 不确定性下的效用最大化 ◇ 风险态度：偏好、中性和厌恶及其数学定义 ◇ 不同风险态度的效用曲线形状 ◇ 保险市场：风险溢价（风险贴水）和确定性等价	★ 不确定性下的消费者最优化 ★ 求解风险溢价和确定性等价
	第七节 本章评析	◇ 效用理论和效用价值论的缺陷 ◇ 边际分析法包含的科学成分	—

三、知识图谱和部分概念阐释

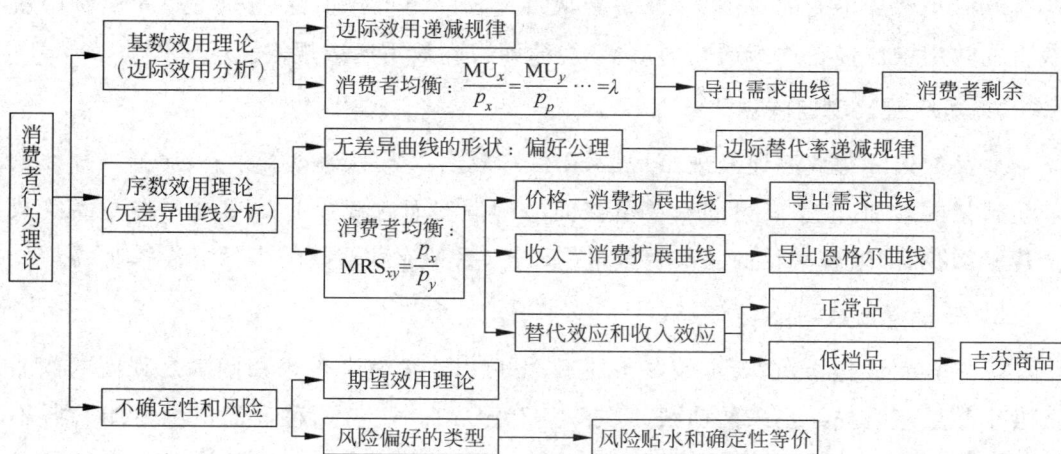

第二章的知识图谱

1. 效用

消费者拥有(或消费)的商品(或服务)对欲望的满足程度被称为商品(或服务)的效用。一种商品(或服务)效用的大小,取决于消费者的主观心理评价。

2. 效用最大化

效用最大化可以描述为在可支配的资源既定的条件下,消费者选择所消费的商品数量组合,力图获得最大的效用满足。

3. 基数效用论

基数效用论是一种认为人们消费商品获得的满足程度可以以某种标准单位进行度量、比较和计算的效用理论。

4. 序数效用论

序数效用论是一种认为人们消费商品获得的满足程度无法以某种标准单位进行度量、比较和计算,只能进行高低排序的效用理论。

5. 边际效用

边际效用是消费者增加一单位商品消费所增加的效用,即消费者增加消费最后一单位商品所获得的效用增量。

6. 边际效用递减规律

在一定时期内,随着消费者不断增加对某种商品(或服务)的消费量,在其他商品(或服务)消费量不变的条件下,消费者从每增加一单位该商品(或服务)的消费中所获得的效用增加量是逐渐递减的,这一规律即边际效用递减规律。

7. 边际替代率递减规律

商品的边际替代率递减规律是指,在保持效用水平不变的条件下,随着一种商品消费数量的增加,消费者增加一单位该商品的消费而愿意放弃的另外一种商品的数量逐渐减少,即随着一种商品消费数量的增加,另外一种商品的边际替代率递减。

8. 无差异曲线

无差异曲线是指,在既定偏好条件下,由可以给消费者带来相同满足程度的商品的各个数量组合描绘出来的曲线。在一条无差异曲线上,两种商品的数量组合各不相同,但消费者对它们的偏好相同,或者说它们给消费者带来的效用满足程度相同。

9. 消费者剩余

需求曲线不仅表示价格与商品需求量之间的关系,也反映了消费者购买特定数量的商品(或服务)时所愿意支付的最高价格。由于对单个消费者而言,市场价格是外生给定的,所以其支付意愿与实际支付值之间存在差额,这就构成了一种"心理剩余"。消费者为得到一定数量的某种商品(或服务)所愿意支付的数额与实际必须支付的数额之间的差被称为消费者剩余。

10. 价格—消费扩展线

价格—消费扩展线简称价格扩展线,它表示在消费者收入和其他商品价格保持不变的条件下,随着一种商品价格的变动,消费者均衡点变动的轨迹。

11. 收入—消费扩展线

收入—消费扩展线简称收入扩展线,它表示在商品自身及其他商品的价格保持不变的条件下,随着消费者收入水平的变动,消费者均衡点变动的轨迹。

12. 吉芬商品

传说英国统计学家罗伯特·吉芬曾发现了这样一个现象:1845 年爱尔兰发生灾荒,导致土豆价格上升,但居民对土豆的需求量却反而增加了。这无法用传统的经济学理论进行解释,故称此现象为吉芬难题,并将需求量与价格同方向变动的物品称为"吉芬商品"。在当代西方经济学中,为了解释吉芬难题,人们将吉芬商品解释为一种特殊的低档物品。作为低档物品,吉芬商品的替代效应与价格呈反方向的变动,收入效应则与价格呈同方向的变动。吉芬商品的特殊性就在于,它的收入效应很大,以至于超过了替代效应的作用,从而使得总效应与价格呈同方向的变动。无论吉芬的研究是否确有其事,马歇尔接受了这个故事并将吉芬商品的概念发扬光大,使之成为西方经济学中的一个标准概念。

13. 恩格尔曲线和恩格尔定律

19 世纪 60 年代和 90 年代,德国统计学家恩斯特·恩格尔分别对德国、比利时家庭的收入和消费进行了两次调查,建立了家庭在食品以及其他项目上的支出与家庭收入(或总支出)之间的数量关系,这些数量关系及其相对应的图形被称为恩格尔曲线。恩格尔重点考察了家庭的食物支出与收入之间的关系,他发现家庭的食物支出在总支出中所占的比重随着家庭收入的增加而递减。这作为一个普遍结论而被广泛接受,并被称为恩格尔定律。

14. 替代效应

替代效应是指一种商品价格变动引起商品的相对价格发生变动,从而导致消费者在维持原有效用水平不变的条件下对商品需求量做出的调整。

15. 收入效应

收入效应是指由于一种商品价格变动引起的消费者实际收入变动,从而导致消费者在保持价格不变的条件下对商品需求量做出的调整。

16. 预算约束线

消费者的预算约束线简称为约束线,它表示在收入和商品价格既定的条件下,消费者用全部收入所能购买的各种商品的不同数量的组合。

17. 补偿预算线

补偿预算线表示按变动以后的价格购买商品组合达到原有的效用水平至少需要的收入水平,即因为价格变动,消费者至少应获得对应的收入,才能补偿至与原来的相等。

18. 期望效用

期望效用是指消费者在不确定的条件下可能获得的各种结果效用的加权平均数。如某个消费者持有的彩票为 $Q=(\alpha_1,\alpha_2,\cdots,\alpha_s;q_1,q_2,\cdots,q_s)$,其中 α_i 为发生结果 q_i 的概率,那么这张彩票给该消费者带来的效用可以表示为

$$u(Q)=\alpha_1 u(q_1)+\alpha_2 u(q_2)+\cdots+\alpha_s u(q_s) \tag{2-1}$$

也就是说,一张彩票的效用是这张彩票的各种结果所能获得效用的数学期望,因此这种定义彩票效用的方式也被称为期望效用。为了纪念数学家冯·诺伊曼和摩根斯坦在这方面的开创性的工作,有时也称其为 VNM(冯·诺依曼-摩根斯坦)效用函数。

19. 风险偏好

假定一张彩票 $Q=(\alpha,1-\alpha;q_1,q_2)$,那么这张彩票给消费者带来的效用为 $u(Q)=E[u(q)]=\alpha u(q_1)+(1-\alpha)u(q_2)$。而这张彩票所带来的货币收入(非这些货币的效用)的期望值所带来的效用为 $u[E(q)]=\alpha q_1+(1-\alpha)q_2$。将彩票本身的效用 $E[u(q)]$ 和彩票期望收益的效用 $u[E(q)]$ 进行比较,持有不同风险态度的消费者会给出不同的评价。如果 $E[u(q)]<u[E(q)]$,则称消费者为风险厌恶者;如果 $E[u(q)]=u[E(q)]$,则称消费者为风险中性者;如果 $E[u(q)]>u[E(q)]$,则称消费者为风险偏好者。

20. 确定性等价和风险溢价

本质上,风险偏好反映的是消费者对确定性的心理偏好。对于风险厌恶者来说,相对于一个充满不确定的高收入,他更愿意直接获得一个确定的低收入。这个等价

于不确定高收入的确定性低收入,就叫作确定性等价。数学上表示为

$$u(q^*) = E[u(q)] \tag{2-2}$$

式中,q^* 为确定性等价。

反过来也可以说,对于风险厌恶者来说,如果相对于一个确定性的收入,要让他接受一个高风险收入,那么这个高风险收入平均而言要高于确定性的收入。数学上表示为

$$E[u(q)] = u[E(q) - q^\dagger] \tag{2-3}$$

式中,$q^\dagger$ 为风险溢价(或称风险贴水)。比较式(2-2)和式(2-3)可知,风险溢价和确定性等价的关系为 $u[E(q) - q^\dagger] = u(q^*)$。若假设效用函数是单调的,则

$$E(q) - q^\dagger = q^* \tag{2-4}$$

四、基础练习

1. 选择题

(1) 假定某消费者的偏好关系如下:X 组合比 Y 组合好,Y 组合比 Z 组合好,Z 组合和 X 组合一样好,在序数效用论看来,该消费者的偏好(　　)。

    A. 违反了完备性公理　　　　　　　　B. 违反了传递性公理

    C. 违反了多比少好公理　　　　　　　D. 没有违反任何公理

(2) 假定某消费者的偏好关系如下:X 组合位于 Y 组合右上方,Y 组合又位于 Z 组合右上方,那么根据偏好公理,该消费者会认为(　　)。

    A. X 组合没有 Y 组合好　　　　　　　B. Y 组合和 Z 组合一样好

    C. 无法判断这三种组合的偏好关系　　D. Z 组合没有 X 组合好

(3) 从基数效用论看来,若消费者偏好 X 商品甚于 Y 商品,其原因可能是(　　)。

    A. 商品 X 有多种用途　　　　　　　　B. 商品 X 的效用大于 Y

    C. 商品 X 紧俏　　　　　　　　　　　D. 商品 X 的价格最低

(4) 预算线的位置和斜率取决于(　　)。

    A. 消费者的收入　　　　　　　　　　B. 消费者的偏好

    C. 消费者的偏好和商品价格　　　　　D. 消费者的收入和商品价格

(5) 预算线向右上方平移的原因是(　　)。

    A. 消费者的收入下降了

    B. 商品 X 和 Y 的价格按同一比率下降了

    C. 商品 X 的价格下降了

D. 商品 Y 的价格下降了

(6) 在其他条件不变的情况下,消费者收入的增加一定会使(　　)。

　　A. 预算线发生旋转　　　　　　　　B. 对某商品的均衡需求量增加

　　C. 无差异曲线向右上方移动　　　　D. 预算线向右上方平移

(7) 如果消费者收入和所有物价同时扩大相同倍数,则预算线会(　　)。

　　A. 向左下方平移　　　　　　　　　B. 向右上方平移

　　C. 保持不变　　　　　　　　　　　D. 无法判断

(8) 在不发生角点解的情况下,下述消费者均衡条件正确的是(　　)。

　　A. $p_x/p_y = MU_y/MU_x$　　　　　　B. $p_x/p_y > MU_x/MU_y$

　　C. $p_x/p_y = MRS_{xy}$　　　　　　　D. 以上均错

(9) 当边际替代率发生变化时,下述哪个指标会发生变化?(　　)

　　A. 消费品的价格之比　　　　　　　B. 消费者的偏好

　　C. 边际效用之比　　　　　　　　　D. 消费者的收入水平

(10) 无差异曲线的位置和形状取决于(　　)。

　　A. 消费者的偏好

　　B. 消费者的收入

　　C. 各种商品的价格

　　D. 消费者的收入、偏好和商品的价格

(11) 根据基数效用论,总效用达到最大时(　　)。

　　A. 边际效用为零　　　　　　　　　B. 边际效用为负

　　C. 边际效用最大　　　　　　　　　D. 无法判断

(12) 预算线绕着它与横轴的交点向外移动的原因是(　　)。

　　A. 用横轴表示的商品的价格上升

　　B. 用横轴表示的商品的价格下降

　　C. 消费者的收入上升

　　D. 用纵轴表示的商品的价格上升

(13) 如果消费者的预算收入为 58 元,商品 X 和 Y 的价格分别为 5 元和 4 元,消费者打算购买 6 单位商品 X 和 4 单位商品 Y,商品 X、Y 的边际效用分别为 25 和 20,那么,要达到效用最大化,他应该(　　)。

　　A. 按原计划购买

　　B. 同时增加两种商品的购买量

　　C. 增购商品 X 的同时减少商品 Y 的量

D. 同时减少两种商品的购买量

（14）如果无差异曲线上某一点的斜率为－0.25,这意味着在该点处消费者愿意放弃（　　）单位商品 X 以获得一单位商品 Y。

A. 0.25　　　　　B. 1　　　　　C. 4　　　　　D. 5

（15）根据基数效用论,若货币的边际效用为1,那么消费者购买每单位物品所支付的价格一定等于（　　）。

A. 消费者从第一单位该商品的消费中所获取的效用

B. 消费者从每单位该商品的消费中所获得的平均效用

C. 消费者从所有该商品的消费中获得的总效用

D. 消费者从最后一单位该商品的消费中所获得的效用

（16）当消费者的真实收入上升时,他将（　　）。

A. 购买更少的低档商品　　　　　B. 增加消费

C. 移到更高的一条无差异曲线上　　　　　D. 以上都是

（17）无差异曲线呈现水平,表示消费者对哪一种商品的消费达到饱和状态?（　　）

A. 商品 X　　　　　B. 商品 Y

C. 两种商品都是　　　　　D. 两种商品都不是

（18）哪条曲线可以反映一种商品的价格变化和两种商品的需求量之间的对应关系?（　　）

A. 价格—消费扩展线　　　　　B. 恩格尔曲线

C. 需求曲线　　　　　D. 收入—消费扩展线

（19）在其他条件保持不变的情况下,某普通低档商品的价格下降将导致（　　）。

A. 替代效应和收入效应均为正,该商品的需求量增加

B. 替代效应和收入效应均为负,该商品的需求量减少

C. 替代效应为正,收入效应为负,该商品的需求量增加

D. 替代效应为正,收入效应为负,该商品的需求量减少

（20）根据基数效用论,某消费者逐渐增加某种商品的消费量,直至达到了效用最大化。在这个过程中,这种商品的（　　）。

A. 总效用和边际效用均不断增加

B. 总效用不断减少,边际效用不断增加

C. 总效用不断增加,边际效用不断减少直至到达一个固定正值

D. 总效用不断增加,边际效用不断减少直至为零

（21）随着收入和价格的变化,消费者的均衡也发生变化。假如消费者发现在新

的均衡状态下,各种商品的边际效用均低于原均衡状态,这意味着(　　)。

    A. 消费者的生活状况改善了　　　　　　B. 消费者的生活状况恶化了

    C. 消费者的生活状况没有改变　　　　　D. 难以判断

(22) 对于购买保险所支付的保费,以下理解正确的是(　　)。

    A. 风险厌恶者才愿意支付保费　　　　　B. 保费来自风险溢价

    C. 风险越大,保费越高　　　　　　　　D. 以上均正确

(23) 假定商品 X、Y 的价格 p_X、p_Y 固定不变,当 $MRS_{XY} < \dfrac{p_X}{p_Y}$ 时,消费者为达到最大的满足,他将(　　)。

    A. 增购商品 X,减少商品 Y　　　　　　B. 减少商品 X,增购商品 Y

    C. 同时增购商品 X、Y　　　　　　　　D. 同时减少商品 X、Y

(24) 在其他条件保持不变的情况下,吉芬商品的价格下降将导致(　　)。

    A. 替代效应和收入效应均为正,该商品的需求量增加

    B. 替代效应和收入效应均为负,该商品的需求量减少

    C. 替代效应为正,收入效应为负,该商品的需求量增加

    D. 替代效应为正,收入效应为负,该商品的需求量减少

(25) 彩票 Q 对于一个风险偏好者来说有(　　)。

    A. $u(Q) < u[E(q)]$　　　　　　　　B. $u(Q) = u[E(q)]$

    C. $u(Q) > u[E(q)]$　　　　　　　　D. 不确定

2. 计算题

(1) 某消费者的均衡如图 2-1 所示。其中,横轴和纵轴分别表示商品 X 和商品 Y 的数量,线段和曲线分别为消费者的预算线和无差异曲线,E 点为效用最大化的均衡点。已知商品 X 的价格 $P_X = 3$ 元。

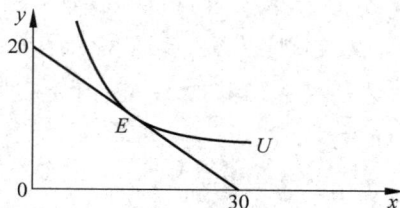

图 2-1　某消费者的均衡图

① 写出预算线方程;

② 求 E 点 MRS_{XY} 的值。

（2）已知某消费者每年用于商品 1（数量记为 x_1）和商品 2（数量记为 x_2）的收入为 600 元，价格分别为 $p_1 = 40$ 元和 $p_2 = 50$ 元，该消费者的效用函数为 $u = 4x_1 x_2^2$，那么该消费者每年购买这两种商品的数量应各是多少？每年从中获得的总效用是多少？

（3）假定某消费者的效用函数为 $u = 2x^{0.5} + 6m$，其中，x 为某商品的消费量，m 为收入。试求：

① 该消费者对该商品的需求函数；

② 当 $p = 0.5, x = 25$ 时的消费者剩余；

③ 若效用函数为 $u = x^{0.5} y^{0.5}$，那么均衡时货币的边际效用为多少？

（4）设某消费者消费 X 和 Y 两种商品，其边际替代率恒为 1，市场价格分别为 p_X 和 p_Y。目前商品 X 的厂商采用一项价格歧视策略：商品 X 消费量小于等于 $\bar{x}$ 时每单位价格减少 1 元，大于 $\bar{x}$ 时恢复原价。试求该消费者对商品 X 的需求曲线。

（5）考虑某面临两期消费（c_1 和 c_2）的消费者，其效用函数为 $u = c_1^{0.5} c_2^{0.5}$，两期收入分别为 $y_1 = 100, y_2 = 200$，设银行利息率为 r。试求：

① 第一期和第二期的最优消费；

② 利息率 r 分别取何值时该消费者在第一期既不储蓄也不贷款？

③ 利息率 r 变化对第一期和第二期的消费有什么影响？

④ 如果储蓄不能为负（即第一期不能贷款消费），请问对预算线有什么影响？对问题①的答案有什么影响？

（6）设某投资者关于财富 w 的效用函数为 $u = \ln w$，目前他的财富为 1 万元并且正在面临一项风险投资，该投资项目有 10% 的概率失败。一旦项目失败不仅无法获得任何收益，还将丧失所有投资额；而如果项目成功，则有 100% 的投资收益率。请问该投资者应该投资多少？

五、进阶练习

1. 选择题

（1）如果随着商品 X 价格的变化，某消费者的价格—消费扩展线是一条平行于 x 轴的直线，则能肯定商品 X 的需求曲线（   ）。

　　A. 缺乏弹性　　　　　　　　　B. 具有单位弹性

　　C. 富有弹性　　　　　　　　　D. 无法判断

（2）有甲、乙、丙、丁四人，甲的效用函数为 $u(x, y) = xy$，乙的效用函数为

$u(x,y)=100xy$,丙的效用函数为 $u(x,y)=x+y$,丁的效用函数为 $u(x,y)=\ln(xy)$。请问乙、丙、丁三人中哪几位的偏好和甲相同?(   )

      A. 无人   B. 乙和丙   C. 乙和丁   D. 丙和丁

(3) 某消费者只消费 X 和 Y 两种商品,商品 X 的价格为 0.5 元,商品 Y 的价格为 1 元。设该消费者的收入为 100 元,效用函数为 $u(x,y)=\sqrt{(x-50)^2+(y-40)^2}$,那么(   )。

      A. $x<50,y<40$ 时不满足餍足性假设

      B. $x>50,y>40$ 时不满足凸性假设

      C. $x<50,y>40$ 或 $x>50,y<40$ 时既不满足餍足性假设,也不满足凸性假设

      D. 以上说法均正确

(4) 某位消费者只消费 X 和 Y 两种商品,当效用达到最大时,他发现商品 X 对商品 Y 的边际替代率比 p_X/p_Y 大,我们可以推断(   )。

      A. 该消费者不是一个理性人,违反了经济学的基本假设

      B. 该消费者没有消费商品 X

      C. 该消费者没有消费商品 Y

      D. 以上说法均不正确

2. 计算题

(1) 经济学中有一种叫常数替代弹性(constant elasticity of substitution,CES)的效用函数,其数学定义为 $u=(x^\rho+y^\rho)^{1/\rho}$。替代弹性的意思是,两种商品的 MRS 变化 1‰,会导致的两种投入相对比例的变动百分比[①],用数学表示则为 $\sigma=$

$$\frac{\mathrm{d}\left(\frac{y}{x}\right)\Big/\frac{y}{x}}{\mathrm{d}(\mathrm{MRS}_{XY})/\mathrm{MRS}_{XY}}。$$

      ① 请证明 CES 函数的替代弹性确实是一个常数;

      ② 请分别计算出当 $\rho\to0$、$\rho=1$ 及 $\rho\to-\infty$ 时 CES 函数的替代弹性;

      ③ 假设某消费者的效用函数为满足 $\rho=2$ 的 CES 函数,$p_X=3$,$p_Y=4$,消费者的总收入为 100 元,请计算该消费者的最优消费组合。

(2) 根据序数效用论,效用的数值本身是不重要的,重要的是相对大小关系。因此,有这样一个结论:对于任意效用函数 u 来说,如果一个数学函数 f 是严格递增

---

    ① 替代弹性也可定义于生产函数之上。

的,那么由此构造的新的函数 $v=f(u)$ 在反映消费者行为上等价于原来的效用函数 u,或者说有着相同的无差异曲线。反过来说,只要两个函数下的 $\mathrm{MRS_{XY}}$ 是一致的,那么这两个效用函数就是等价的。

假设效用函数为 $u=x^{0.5}y^{0.5}$,取 $v=\ln(u)$,请计算 u 和 v 下的 $\mathrm{MRS_{XY}}$,并通过求解 u 和 v 下两种消费品的需求函数检验前述结论的正确性。

(3) 已知某消费者的效用函数为 $u=x^{\rho}y$,请证明当 $\rho>0$ 时,恩格尔曲线是一条直线。

(4) 已知有以下库恩-塔克条件:

令 $f(x)$ 和 $g^{j}(x)(j=1,\cdots,m)$ 是定义在某个定义域 $D\in\mathbf{R}^{n}$ 上的连续实值函数。令 x^{*} 是 D 的一个内部点,并假设 x^{*} 在 D 上最大化了 $f(x)$,其受到的约束为 $g^{j}(x)\leqslant0(j=1,\cdots,m)$,而且 f 和每个 g^{j} 在一个包含 x^{*} 的开集上都是连续可微的。如果与在 x^{*} 处为紧的约束 $g^{j}(x)$ 相联系的梯度向量 $\nabla g^{j}(x^{*})$ 是线性独立的,则存在唯一的向量 $\lambda^{n}\in R^{n}$,使得 (x^{*},λ^{*}) 满足库恩-塔克条件:

$$\frac{\partial \mathcal{L}(x^{*},\lambda^{*})}{\partial x_{i}}=\frac{\partial f(x^{*})}{\partial x_{i}}-\sum_{j=1}^{m}\lambda_{j}^{*}\frac{\partial g^{j}(x^{*})}{\partial x_{i}}=0 \quad (i=1,\cdots,n)$$

$$\lambda_{j}^{*}\geqslant0,g^{j}(x^{*})\leqslant0,\quad \lambda_{j}^{*}g^{j}(x^{*})=0 \quad (j=1,\cdots,m)$$

库恩-塔克条件可视作更一般化的拉格朗日极值定理。那么,请先利用数形结合的方式找出下列条件下 X 和 Y 两种商品的需求曲线,接着尝试利用库恩-塔克条件定理进行严格的计算。

① $u=x+y$;

② $u=\min\{x,y\}$;

③ $u=\sqrt{\min\{x,y\}}$;

④ $u=x+\ln y$。

(5) 现有商品 1 和商品 2,已知某消费者的效用函数为 $u=x_{1}^{0.5}x_{2}^{0.5}$,消费者的收入是 $m=100$。求:

① 商品 1 的需求曲线;

② 两商品的价格分别为 $p_{1}=2,p_{2}=1$,现在假定商品 1 的价格下降为 $p_{1}=1$,计算商品 1 的价格下降后的总效应、替代效应以及收入效应;

③ 在问题②的条件下,如果效用函数为 $u=x_{1}+x_{2}$,那么总效应、替代效应以及收入效应是多少?

④ 如果效用函数为 $u=\min\{x_{1},x_{2}\}$,那么总效应、替代效应以及收入效应又是多少?

⑤ 如果效用函数为 $u = \max\{x_1, x_2\}$,那么总效应、替代效应以及收入效应又是多少?

(6) 在西方经济学中,价格变动所产生的替代效应有两种定义方式。课本上所介绍的以保持效用水平不变为前提所定义的替代效应,叫作希克斯替代效应,以纪念英国经济学家希克斯的贡献。而另一种替代效应的前提是保持消费者的购买力不变,或者说原先的消费数量不变(而非希克斯替代效应中所要求的效用保持不变)。这种定义被称为斯勒茨基替代效应,以纪念俄国经济学家斯勒茨基的贡献。

试重新计算计算题(5)中的各斯勒茨基替代效应。

(7) 设一个风险厌恶者的效用函数为 u,他拥有财富 w_0,现面临着损失 L 元的风险,设发生损失的概率为 π。此时他可以购买如下保险以规避风险:为每1元财产购买保费为 p 的保险,当损失发生时,保险公司将为这1元提供完全的补偿。请问 p 为多少时,他会为所有可能的损失(即 L 元)都购买这样的保险?

六、经济思维和案例课堂

第二章习题答案

(1) 消费者的消费偏好并不总是满足"凸"的性质,因为有时消费者更喜欢拥有纯粹风格的东西。这使得商家会有意选择一个风格的产品路线,而风格的冲突有可能产生潜在的损失,大家能举出一个这样的例子吗?

(2) 关于效用函数的一个现实例子[①]是,诺贝尔经济学奖得主、美国经济学家丹尼尔·麦克法登和他的合作者托马斯·多米尼克曾在报告中给出了这样的效用函数:

$$u(\text{TW}, \text{TT}, C) = -0.147\text{TW} - 0.0411\text{TT} - 2.24C \qquad (2\text{-}5)$$

他们用这个效用函数描述人们通勤时,在步行、公交、驾车等方面的权衡。其中,TW代表自己驾车或搭乘公交车所必需的步行时间(分钟),TT代表全部行车时间(分钟),而 C 代表行车费用(美元)。据说这个效用函数对消费者的通勤决策拟合得很好。

在式(2-5)中,效用函数中的负号既有用又没用。从有用的角度讲,它反映了时间和金钱支出给人们带来的"负担";从没用的角度讲,人们更关心的是时间和时间之间、时间和金钱之间的相互替代关系。这个替代关系可以辅助人们更好地建立公共交通体系。

---

① 哈尔·R.范里安.微观经济学现代观点.费方域,朱保华,等,译,上海:格致出版社,上海三联书店,上海人民出版社,2015:44.

基于本案例,试着回答以下问题。

① 在面对带来负效用的事物时,一种常见的处理方法是将其转化为相反的事物。例如,将本例中耗费的时间转化为节约的时间,通勤费支出转化为保留的货币财富等。那么,能否用这种方式将式(2-5)写成形如柯布-道格拉斯式的效用函数,这个效用函数有什么性质?

② 满足式(2-5)的消费者最多愿意为节省 1 分钟的步行时间花费多少美元?最多愿意为节省 1 分钟的乘车时间花费多少美元?

(3) 世界各国通常都会对居民消费某些生活必需品进行补贴,比如有些国家会补贴粮食消费,有些国家会补贴教育消费,最常见的是对医疗进行补贴,即居民的医疗支出中自己承担一部分,由政府承担剩余的部分。以上情况都可以概括为这样的预算约束变化:$(p_1-s)x_1+p_2x_2=m$,其中 s 为国家补贴。假设在这种补贴制度下,居民的消费量为 (x_1^*, x_2^*),那么,相比对消费进行补贴 s 元,如果改为直接给居民发钱 $y=sx_1^*$ 元,从西方经济学的角度来说,哪个方案对居民福利(效用水平)提升更大,为什么?同时请思考,如果答案是"直接发钱"对居民福利提升更大,为什么世界各国都普遍使用针对商品的补贴政策(如医疗保险和教育补助)呢?

(4) 自统计学在各国生根发芽以来,关于工人支出预算的统计便为经济学家们所重视,从 17 世纪起,威廉·配第、马尔萨斯等经济学家都曾收集过相关的统计资料以研究经济问题。

1857 年,德国统计学家恩格尔发表了《萨克森王国的生产和消费的关系》一文,在德国萨克森各阶层消费统计的基础上,绘制了如下表格(见表 2-1)。通过表格我们可以清楚地发现所谓的恩格尔定律,即随着家庭收入的增加,家庭收入中用于购买食物的比例会随之下降。

那么,你能根据这张表格,计算出三类家庭的恩格尔系数是多少吗?

表 2-1　三类家庭各类消费支出占收入的比例　　　　　　　　　　%

支出项目	三类家庭支出的比例		
	每年有 45～60 镑收入的工人	每年有 90～120 镑收入的工人	每年有 150～200 镑收入的工人
食物	62.0	55.0	50.0
衣着	16.0	18.0	18.0
居住	12.0	12.0	12.0
灯火与燃料	5.0	5.0	5.0

续表

支出项目	三类家庭支出的比例		
	每年有 45~60 镑收入的工人	每年有 90~120 镑收入的工人	每年有 150~200 镑收入的工人
教育	2.0	3.5	5.5
法律保护	1.0	2.0	3.0
保健	1.0	2.0	3.0
舒适与娱乐	1.0	2.5	3.5
合计	100	100	100

(5) 阅读以下材料[①]。

研究显示,美国人每天从碳酸饮料中摄取的糖分已经占到美国人人均糖分摄入量的 42%,摄入的热量占美国人人均热量摄入量的 7.2%。碳酸饮料已经变成美国人最主要的热量摄入渠道。

中国大众消费碳酸饮料虽然起步较晚,但近年来消费量猛增,大有与美国比肩之势。2009 年,我国碳酸饮料的生产同比增长了 11.3%。2004—2005 年江苏省中学生每天喝碳酸饮料 1~2 次、3 次及以上的报告率分别为 17.4% 和 3.5%。2007—2008 年北京市大学生与研究生每天饮用碳酸饮料的比例为 8.3%。较高生活费的大学生与研究生饮用碳酸饮料的百分比显著高于中低生活费的大学生与研究生。

碳酸饮料消费的负面影响主要体现在其可能损害消费者身体健康,如影响消化系统、损害牙齿、导致骨质疏松,以及引发肥胖症、糖尿病,甚至进一步的慢性病。

为什么一种对消费者健康可能造成损害的消费品,多年来可以在世界各国保持持续的过度增长态势? 为什么消费者无视其对自身健康的潜在损害?

理性成瘾理论认为,碳酸饮料的消费者是理性的。他们在明知成瘾性消费行为代价的前提下,依然选择过度消费这种产品,是因为消费者由此得到的收益高于由于上瘾所造成的成本。也就是说,由增加消费所带来的满足感和效用的增加,大于他们对可能引发的健康问题的担忧。从健康经济学的角度来看,正是这种理性成瘾特性引发了不健康食品消费市场中的市场失灵现象。

但是,消费者对碳酸饮料的成瘾性需求也导致消费者对该产品的市场价格调整具有高度不敏感性。

[①] 刘晓鸥,孙圣民.消费理性成瘾、公共健康与政府行为——基于消费者对碳酸饮料过度消费行为的案例研究.经济学(季刊),2011,1.

根据以上材料,理性成瘾现象是否有违反西方经济学中偏好假设的地方？它的存在对一般均衡和福利分析会产生什么样的后果？现有文献认为成瘾性消费的需求函数形如：$c_t = \beta_1 c_{t-1} + \theta \beta_1 c_{t+1} + \beta_2 p_t$，该需求函数如何反映了"成瘾"的特征？公式中的系数有没有什么要求？国家可用哪些方式对这种市场失灵进行调节？

七、知识边界延伸

（1）连续性和字典序偏好关系。

序数效用论认为对于两种商品 x_1、x_2，人们只能判断对它们的偏好关系，即更偏好 x_1（记为 $x_1 > x_2$）、更偏好 x_2（记为 $x_1 < x_2$）或者偏好相同（记为 $x_1 \sim x_2$）。而基数效用论则认为人们可以给出二者的效用大小，即 $u(x_1) > u(x_2)$，等等。在偏好关系满足完备性、传递性、连续性、单调性（即多比少好）的条件下（凸性不是必需的），一个（序数）偏好关系总存在与之等价的（基数）效用函数。因此,序数效用论和基数效用论并无本质差异。

不过,课本中没有对连续性给出相关说明。通俗地说,连续性要求如果两种商品非常接近,那么人们对它们的偏好关系也应当是非常接近的,而不会发生突然的反转或跳跃。这里用一个例子说明。考虑一种叫作"字典序偏好关系"的偏好关系,它是指对于两个商品组合 $x = (x_1, x_2)$，$y = (y_1, y_2)$，$x \geqslant y$（即 x 至少和 y 一样好）的定义为要么 $x_1 > y_1$，要么 $x_1 = y_1$ 且 $x_2 \geqslant y_2$。用文字的方法说就是两个商品组合的判断原则是,先比较第一种商品的数量,若二者相等,再比较第二种商品的数量。或者说,第一种商品有更高的优先级。这正体现了英文单词字典中的排序方式,先按第一个字母排序,第一个字母相同再按第二个字母排序,以此类推,故称为字典序偏好。

字典序偏好关系不满足连续性条件。直观地想,在字典序偏好关系下,$(1,0) > (0,1)$、$(0.1,0) > (0,1)$、$(0.01,0) > (0,1)$、$(0.001,0) > (0,1)$、$(0.0001,0) > (0,1)$，$(0.00\cdots01,0) > (0,1)$，等等,但是这个序列的极限却产生了偏好反转,即 $(0,0) < (0,1)$。因此字典序偏好关系是不连续的。并且,人们可以在数学上证明不存在能表示字典序偏好的效用函数。

（2）现实中不满足偏好传递性公理的理由。

现实中,个人偏好不满足传递性的可能因素有很多,其中一个是所谓的"恰可识别阈值"。恰可识别阈值是指在心理或生理上,人们所能感知到的事物的最小差异。例如,某个人喜欢白色胜过黑色。我们将绝对的白和黑两种颜色作两端,中间的灰色划分出 100 个刻度,构成了从白色过渡到黑色的色谱。如果这个人能感知到的灰色差异极限为 2 个刻度,那么我们每次都给他展示差异为 1 个刻度的两种灰色,他将无法识别出二者的差异,因此视作一样好。我们从白到黑连续重复 100 次,他都将给出一样好的答案,但当我们直接给出黑白两种颜色时,他又表现出明显的偏好关系。因此这 100 次偏好判断没有传递性。[①]

（3）序数效用论中有没有边际效用和负效用的概念呢? 有没有边际效用递减规律呢?

答案是否定的,序数效用论中既没有负效用,也没有边际效用递减规律。

为什么序数效用论中没有边际效用的概念呢? 可以这样想象:小明喜欢可乐胜过果汁,那么在序数效用论中,可乐对小明的效用是 5,果汁是 3 只是一个排序。果汁的效用也可以是 4 或 2,只要小于 5 就可以了。同理,如果小明喜欢第一杯可乐胜过第二杯可乐,那么第一杯可乐的效用是 5,第二杯可以是 4、3 或 2,那么第二杯可乐的边际效用是多少呢? 可见,由于序数效用论拒绝了一切效用计算,边际效用就没有定义了。当然边际效用递减规律也就无从谈起了。

进一步说,序数效用论的数学表述也拒绝了边际效用递减规律。数学上可以证明,同样的序数效用排序既可以用边际效用递减的效用函数表示,也可以用边际效用递增的效用函数表示。这是因为若一个消费者(例如小明)的效用函数为 $u=u(x,y)$,由于对效用函数 u 作任何递增的单调变换 $v=g(u)$ 所得到的新的函数 v 仍然是小明的效用函数。那么显然,通过这样的变换,小明的效用函数可以从一个边际效用递减的函数转变为一个边际效用递增的函数。

偏好假设第四条消费者更偏好于数量大的商品组合从根本上取消了负效用的概念,因为这条假设意味着无论小明喝多少可乐,他总是想要更多的可乐,那可乐的效用怎么可能是负的呢? 这条假设往往被称为非餍足性假设。另外,前面说过,若所有单调递增的变换都和原效用函数等价,效用的正负号就没有意义了,如(假设数学条件良好)$v=-\dfrac{1}{u}$ 和原效用函数是一回事。

大概正是出于这个原因,课本中边际效用和边际效用递减规律(当然也包括负效用和负边际效用)这些内容放在了这样一句话的后面:接下来的内容则在效用可基数度量的意义下考察消费者的选择行为。

由此可知,基数效用论和序数效用论并不是完全相容和等价的理论。

（4）如何理解货币的边际效用是固定不变的？

很多读者在学习过程中都会感到困惑，为什么唯独假设货币的边际效用 λ 是固定不变的呢？[①] 这大概有两个原因。

其一是只有当货币的边际效用 λ 是固定不变时，一些基数效用论的传统结论和研究方法（例如消费者剩余）才能成立。这是技术层面的原因。

其二是若货币边际效用也遵循递减原理，那么在社会福利问题上可能存在西方经济学难以接受的结论。事实上，英国经济学家埃奇沃思和阿瑟·庇古在研究社会福利问题时已经意识到，如果货币也存在边际效用递减，那么平等的收入分配将会提升整个社会的福利水平：富人的货币边际效用较低，而穷人较高，若将富人的货币再分配给穷人则会提升总效用。阿瑟·庇古本人由此赞同一种倾向于穷人的收入再分配政策。但他的观点遭到了其他部分西方经济学家（例如同时期的英国经济学家莱昂内尔·罗宾斯）的抵制。这是政策方面的原因。

不过，后来序数效用论和新福利经济学的兴起使得对这个问题的争论变得没有意义（参见本书第七章相关介绍）。此后，货币的边际效用概念隐藏在了效用最大化的拉格朗日乘子之中（具体内容可参见高级微观经济学教材）。于是在本/专科教材中，在讲授基数效用论时，货币的边际效用被假设为一个常数这一点就被保留了下来；而在序数效用论上，便不再提及。

（5）货币的边际效用递减规律和伯努利效用函数。

人类关于货币边际效用递减的最早认识已不可考证，但在西方至少可以追溯到16 世纪的西班牙经院哲学家。但对其第一个明确的数学表达则源于法国数学家丹尼尔·伯努利于 1738 年发表的一篇关于概率论的研究。伯努利认为，如果记货币数量为 x，效用为 u，那么二者的关系满足

$$\frac{du}{dx} = \frac{b}{x} \tag{2-6}$$

其中 b 为常数。式（2-6）表明货币的边际效用随着货币增加而减少，呈现递减的规律。现在我们一般将式（2-6）改写为等价的 $u = a\ln(x)$ 形式，由此也将满足该形式的效用函数称为伯努利效用函数。在金融和不确定性的研究中，人们经常使用这一效用函数形式。

（6）显示性偏好理论。

1938 年，萨缪尔森提出了一个研究消费者行为的新范式，即所谓的显示性偏好。

---

① 事实上，在我国经济学家高鸿业、吴易风等编写的早期教材中，明确写道："货币的边际效用也是递减的。"

这一套范式的基本思想是,标准的效用理论或者说偏好公理,本质上是人们"内省"的结果,不可观测。从一个不可观测的假说出发建立学说并不能令人满意,萨缪尔森希望建立一个具有参考意义的行为学说。他认为,消费者在面对价格和收入时的现实行为能够反映消费者内在的、不可观测的偏好。换言之,显示性偏好理论是一个消费者行为→偏好关系的范式,而标准的效用学说是一个偏好关系(效用理论)→消费者行为的范式。显示性偏好理论试图给消费者行为学说提供一个更"科学"(实际上就是更符合自然科学认知)的描述体系。萨缪尔森建立这套学说时直接受益于指数理论和 19 世纪 70 年代的热力学。

萨缪尔森不是显示性偏好理论的唯一贡献者,甚至不是最早的贡献者。早在 1932 年,亚伯拉罕·沃尔德就曾独立进行了证明。1950 年,出生于荷兰的亨德里克·霍萨克又独立提出了更强版本的显示性偏好公理。

但是,在今天的经济学教科书中,显示性偏好公理已不常见,偶尔介绍也只是寥寥数笔。在当代经济学研究中也已不多见。正如萨缪尔森晚年所承认的,本质上,显示性偏好范式等价于序数效用范式,亦等价于无差异曲线范式。他说,大家在本质上都等同,去斤斤计较各自的优点又有什么意思?

另外,正如我们所预料的,由于西方经济学中效用理论和生产理论的对称性,在生产理论中也有与显示性偏好理论类似的利润最大化弱公理、成本最小化弱公理等。

(7) 在消费者均衡分析中,消费者均衡条件 $MRS_{xy} = \dfrac{MU_x}{MU_y} = \dfrac{p_x}{p_y}$ 总是成立的吗?

答案是否定的。这实际上涉及角点解的概念。角点解就是指那些解发生在数轴上(即边界上)的情况,即有 $x^* = 0$ 或 $y^* = 0$。而一般场合下我们遇到的都是内点解,即解发生在二维平面的"内部",即最终的解 $x^* > 0, y^* > 0$。当解是角点解时,$MRS_{xy} = \dfrac{MU_x}{MU_y} = \dfrac{p_x}{p_y}$ 就不成立了。当消费者的效用函数是线性函数时(即 $u = ax + by$),这个解通常都是角点解。

从数学上来讲,这是因为消费者最优化问题有一个隐含的要求,即最终求出来的均衡解必须是非负的,即 $x^* \geqslant 0, y^* \geqslant 0$。在大多数情况下,这个约束条件没有发挥作用(即是"非束紧"的);但当发生角点解的情况时,这个约束条件就发挥作用了,这使得 $MRS_{xy} = \dfrac{MU_x}{MU_y} = \dfrac{p_x}{p_y}$ 不再成立。更深入的数学解释可以参考数学教材中对最优化问题的讲解。

另外,当 x 和 y 是互补品时(即 $u=\min\{ax,by\}$),MRS_{xy}、MU_x 和 MU_y 可能都难以定义,也就谈不上 $MRS_{xy}=\dfrac{MU_x}{MU_y}=\dfrac{p_x}{p_y}$ 的均衡条件了。

(8) 无差异曲线有宽度吗? 或者说,它可以画得很粗吗?

答案是不行。首先从数学上讲,曲线都没有宽度。但这里我们可以从经济学意义上讲:如果曲线很粗,那么两个非常靠近的点都在曲线上,则它们的效用是一样的,但多比少好原则(或者说非餍足性假设)决定了两个点中总有一个(位于右上方的那个)效用水平是更高的,因此存在矛盾。事实上,多比少好原则决定了无差异曲线只能是一根线,而不能包含一个面。

(9) 边际替代率递减规律和边际效用递减规律是一回事吗?

课本在脚注中已经给出了答案,它们在本质上不是一回事。从经济思想的发展来说,人们是为了摆脱基数效用论而提出边际替代率递减假说的,因此它和边际效用递减规律(作为基数效用论的一个命题)没有什么关系。从 $MRS_{xy}=\dfrac{MU_x}{MU_y}$ 也可以看出,边际替代率递减并不要求 MU_x 本身有什么性质,甚至 MU_x 可以是递增的,只要其递增的幅度小于 MU_y 增加的幅度即可。在序数效用论中,边际效用递增还是递减并不改变消费者的偏好关系,决定偏好关系的是边际替代率。只要两个人的 MRS_{xy} 是相同的,那么两个人的偏好就相同;或者反过来说,只要我们判断出两个人的 MRS_{xy} 是相同的,那么可以说他们的偏好就是一样的,和边际效用无关。

(10) 无差异曲线一定要凸向原点吗?

原则上讲,答案是否定的。我们完全可以对一个凹向原点的无差异曲线进行分析。那我们为什么要使用凸向原点的假设呢? 这主要是由于数学因素所致,严格的阐述涉及数学中的凸集问题,不过在这里我们可以用具体例子来形象地理解:若消费者的无差异曲线(直线为预算线)如图 2-2 所示。

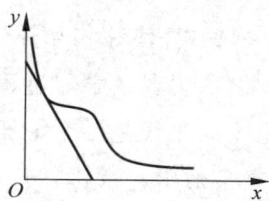

图 2-2　消费者的无差异曲线

大家可以试着通过画图来推测,当商品的价格发生变化导致预算线的位置及斜率发生变化时,切点的位置及所决定的消费量会来回跳跃,需求曲线不连续甚至不存在。因此,我们需要假设凸性来避免这个棘手的问题。在高级分析中,我们可以不要求无差异需求曲线是凸的,而只需要是拟凸的。直观地讲,拟凸就是无差异曲线(的某一段)可以是平直的,但不能存在像图 2-2 那样凹进去的部分。

(11) 关于替代品和互补品的直观定义。

当今的教材一般通过交叉价格弹性来定义互补品和替代品。但事实上,还有一种更直观的定义。

历史上,最早定义互补品和替代品的是 20 世纪初的奥地利经济学家鲁道夫·奥斯皮茨(Rudolf Auspitz)和理查德·列本(Richard Lieben)。关于互补品和替代品的直观定义是从效用理论的角度来说的:如果一种商品消费量的增加提高了另一种商品的边际效用,那么二者就是互补品;反之,如果一种商品消费量的增加降低了另一种商品的边际效用,那么二者就是替代品。这种定义显然是很直观的,那为什么现在不使用这个定义呢?这是因为这个定义在序数效用论下存在局限性。例如,假设在效用函数 $u = x^{0.5}y^{0.5}$ 中,$MU_x = 0.5x^{-0.5}y^{0.5}$,按照这一定义,商品 Y 的消费量上升将会提升商品 X 的边际效用,那么二者应该是互补品。但在序数效用框架下,该效用函数等价于 $u = 0.5\ln x + 0.5\ln y$,若以这个效用函数为标准,商品 Y 的消费量不影响商品 X 的边际效用。发生这一问题本质上是因为在序数效用论下边际效用没有定义。

顺带一提,在 19 世纪 70 年代的早期研究中,人们往往要假设"可加性"效用函数,即形如 $u(x,y) = f_1(x) + f_2(y)$(例如上面的 $u = 0.5\ln x + 0.5\ln y$)的函数。这样商品的总效用就是各自效用的加总,互相并不影响对方的边际效用(在这个设定下,所有的商品都是完全替代品)。而如今常见的效用互相影响的效用函数是由埃奇沃斯提出的(无差异曲线也是由埃奇沃思最先引入的,但序数效用论最早是由帕累托明确并加以阐述的)。

(12) 替代性和互补性的度量。

很多读者在学习过程中会发现:完全替代品的无差异曲线是直线;完全互补品的无差异曲线是一个 L 形的拐角线,而其一般情况下则是一个温和的凸向原点的曲线,于是似乎是这样:无差异曲线弯折程度越大,互补性就越强;无差异曲线越直,替代性就越强。或者说,商品的替代性和互补性与无差异曲线的弯曲情况有关。真的是这样吗?

确实是这样的。虽然在几何意义上,我们可以用数学上的曲率概念来表示及表述这样的弯折程度,但是在经济学意义上,我们可以用一个名为希克斯需求(亦称补偿需求)的概念加以衡量。所谓希克斯需求是指如下支出最小化问题的解 $x(p, u)$:

$$\min_x px \quad \text{s.t.} \quad u(x) = u \qquad\qquad (2\text{-}7)$$

即让效用达到 u 的水平时,花钱最少的需求。这有点像生产理论中的成本最小化问题。

　　那么无差异曲线的弯曲程度就可以通过希克斯需求对价格变化作出的反应来测量。如果无差异曲线的弯曲程度很小,那么价格变化下希克斯需求的变化就会很大;反之,如果弯曲程度很大,希克斯需求的变化就会很小。换言之,希克斯需求就是反映两种商品相互替代的程度。第 i 种商品的希克斯需求如何对第 j 种商品的价格变化作出反应,可以用 $\dfrac{\partial x_i^h}{\partial p_j}$ 来衡量。也就是说,可以用这个指标来反映商品之间替代和互补的关系,即若 $\dfrac{\partial x_i^h}{\partial p_j}>0$,则第 i 种商品和第 j 种商品为替代品;反之则为互补品[①]。(若用这种方式定义替代品和互补品,则上一问题中 x 和 y 之间的变化关系是怎样的?)

　　读者可能已经发现,上述定义本质上就是在讲解收入效应和替代效应问题。更详细的介绍大家可以参见高级课程中的相关内容。

　　(13) 商品价格弹性和收入弹性之间的关系。

　　在高级微观课程中将会证明,商品需求量和价格之间满足斯勒茨基方程,即

$$\frac{\partial x_i}{\partial p_i}=\frac{\partial x_i^h}{\partial p_i}-x_i\frac{\partial x_i}{\partial m} \qquad (2\text{-}8)$$

其中 x_i^h 就是前面提到的希克斯需求。根据一些数学推导[②],式(2-8)又可以写为

$$\underbrace{-\frac{\partial x_i}{\partial p_i}\cdot\frac{p_i}{x_i}}_{(a)}=-\frac{\partial x_i^h}{\partial p_i}\cdot\frac{p_i}{x_i}+\underbrace{\left(\frac{\partial x_i}{\partial m}\cdot\frac{m}{x_i}\right)}_{(b)}\cdot\frac{p_ix_i}{m} \qquad (2\text{-}9)$$

显然,式(2-9)中的(a)部分就是我们所说的需求的价格弹性,(b)部分就是收入弹性,而 $-\dfrac{\partial x_i^h}{\partial p_i}\cdot\dfrac{p_i}{x_i}$ 是希克斯需求的价格弹性,$\dfrac{p_ix_i}{m}$ 是该商品的支出份额。这就是价格弹性和收入弹性之间的关系。

　　值得补充说明的是,斯勒茨基方程实际上是将需求随价格变化量分解为了替代效应和收入效应,式(2-8)中的 $\dfrac{\partial x_i^h}{\partial p_i}$ 部分正是替代效应,$-x_i\dfrac{\partial x_i}{\partial m}$ 部分正是收入效应,比较式(2-8)和式(2-9)可知,收入效应的正负号决定于收入弹性的正负号。因此,判断一个商品是低档品还是正常品,用收入弹性来定义和用收入效应来定义是一回事。

----

　　① 在更完备的定义中,需要对 $\dfrac{\partial x_i^h}{\partial p_j}=0$ 的特殊情况进行补充,但这里不再具体阐述。

　　② 此处略过,严格的推导需要具备一些高级课程的预备知识。

（14）有哪些特殊但常用的效用函数？

效用函数的表达式是无穷无尽的，人们可以随意地构造它。使用某种特殊形式的效用函数的目的，是因为这种形式能反映人们某种特定的消费行为。也就是说，人们现实的消费行为在先，我们有意识地"编造"能够反映现实问题的效用函数在后，而非相反。

常用的效用函数如下。

① $u = \min\{ax, by\}$，该效用函数能够较好地反映人们对那些无法互替且要互补使用的商品的消费。该函数所对应的无差异曲线是一组"拐角线"，这些拐角的顶点连线是 $ax = by$。将任何一条无差异曲线沿着顶点连线平移，即可得到其他无差异曲线。

② $u = ax + by$，该效用函数能较好地反映人们对那些可以高度互替的商品的消费。该函数所对应的无差异曲线是一组平行直线。

③ $u = v(x) + by$[其中 $v(x)$ 是一个非线性函数，如 $\ln x$]，即拟线性效用函数，该效用函数能够反映人们总是消费固定数量的商品 X，而随着收入的增加对商品 Y 的消费不断增加。该函数所对应的无差异曲线是一组在垂直方向上平行的曲线（即通过对某一根无差异曲线垂直平移即可得到其他无差异曲线）。

④ $u = (x - \bar{x})^a (y - \bar{y})^{1-a}$，即 stone-geary 效用函数，能够用于研究包含最低生存性消费限制（即 $\bar{x}$ 和 $\bar{y}$）的消费行为。柯布-道格拉斯式的效用函数可以看作是该函数的一个特例。

（15）我们总是可以计算消费者剩余吗？

答案是否定的。一般而言，人们并不总能计算出消费者剩余。假设小明的效用函数是 $u = x^{0.5} y^{0.5}$，设商品 X 的市场价格 $p_X = 1$，商品 Y 的市场价格 $p_Y = 1$，小明的预算收入 $m = 10$，那么小明在均衡处在 x 上获得的消费者剩余是多少呢？

我们容易证明计算小明的消费者剩余的积分并不收敛，此时我们没有办法计算小明的消费者剩余（尽管我们仍然可以计算价格变动所造成的消费者剩余的变化）。

这背后的根本原因在于，当年马歇尔定义消费者剩余时，设想能用不变的货币边际效用来衡量商品的效用，从而使需求曲线能反映消费者对某个商品在心理上的"保留价格"。例如，根据 $MU_x = \lambda_m p_x$，（注意，这里的 p_x 是在每一个 x 下反映边际效用的保留价格，而不是市场价格 p_x^*。）那么 $\int_0^{x^*} MU_x \, dx = TU = \lambda_m \int_0^{x^*} p_x \, dx$，于是对保留价格积分就得到了总效用。此时再减去为了购买商品所支出的货币的总效用 $\lambda_m p_x^*$，就得到了所谓的消费者剩余，即用货币换商品后的净效用。但是，当 λ_m 发生变化时，这个定义就不容易使用了。事实上,在序数效用论的框架内,人们从理论上取消了消费者剩余这个定义,既然效用数值本身没有意义,也就没有必要去计算所谓的剩余了。但是,在很多应用分析中,人们仍然继续使用"消费者剩余"这个概念,尽管它的理论意义其实并不明确。

事实上,希克斯定义了不同于消费者剩余的概念,来衡量价格变化对消费者福利的影响,即补偿变动和等价变动。但在一般的效用函数形式下,补偿变动不等于等价变动,也不等于消费者剩余的变化,只有在效用函数是拟线性的这种特殊形式下[即 $u = u(x, y) = av(x) + by$]三者才完全相等,消费者剩余概念才是一个合意的分析工具,因为此时价格变化并不会产生收入效应[①]。关于补偿变动和等价变动的详细内容可以参考高级微观经济学的相关教材。

(16) 效用理论可以用于描述人们对苹果、蛋糕这样日常消费品之外事物的需求吗?

可以。虽然理论上人们是以日常消费品的经验为例总结出无差异曲线的形状并用以分析消费行为的,但在实际运用上,人们也灵活地将效用理论用于分析各种各样的决策,哪怕严格来说这些决策未必服从偏好公理。

在今天,西方经济学对效用理论奉行实用主义态度。

例如,人们可以用效用理论来分析金融行为。设小明需要安排接下来两年内的消费计划,他的效用函数为 $u = u(C_1, C_2) = C_1 C_2$,$C_1$、$C_2$ 分别为今年的消费支出和明显的消费支出,它们都是以货币计算的。假设小明今年收入 1000 元,明年收入 1500 元,银行存贷利息均为 5%。那么我们可以写出小明的预算线为:$C_2 = 1500 + 1.05 \times (1000 - C_1)$。这样,根据效用函数和预算线就可以计算出小明的最优消费计划。

在这个例子中,人们没有充分的理由保证小明的金融计划也会服从和苹果、蛋糕一样的消费规律,但人们仍然使用效用理论作为分析框架进行研究。

(17) 期望效用理论是一种基数效用论还是一种序数效用论?

简单地说,在期望效用理论发展的早期,它是一种基数效用论。但在今天,它既不是基数效用论,也不是序数效用论,而是介于二者之间的一种特殊的效用理论,既有序数的性质,又有基数的性质。

(18) 现实中我们总是面临非常多样的消费品,当只研究其中一种时,我们应当如何处理其他商品呢?

---

① 即替代效应和收入效应中的收入效应。

有一种方法是把我们要研究的商品放在横轴上，将其他所有的商品看作一个整体，叫作复合商品，并将其放在纵轴上，然后将其价格记为1。那么，纵轴上的复合商品实际上表示的就是除我们所要研究的商品之外的其他所有货币支出。

（19）预算线总是一条直线吗？

不是。这里可以举出三个例子。

① 假设可乐（数量记为 x）的价格为 2 元，果汁（数量记为 y）的价格为 5 元。小明的收入为 10 元，同时拥有一张类似二级价格歧视的折扣券：当他消费的可乐数大于等于 2 时，可乐售价减半。此时小明的预算线是什么呢？答案要用分段函数来描述：

$$\begin{cases} 2x+5y=10 & (x<2) \\ x+5y=10 & (x\geq2) \end{cases}$$

。这个预算线是由不连续的两段线段组成的。

② 假设小明拥有一张可以领取最多 2 单位果汁的代金券，那么此时小明的预算线是什么呢？答案仍然要用分段函数来描述：

$$\begin{cases} 2x=10 & (y\leq2) \\ 2x+5(y-2)=10 & (y>2) \end{cases}$$

（考虑一下为什么）。我们可以试着画出预算线。

③ 在小明进行两年期消费计划的例子中，若银行的存贷利息是不一样的，如存款利息率为 2%，而贷款利息率是 5%，此时小明的预算线也应使用分段函数表达，即

$$\begin{cases} C_2=1500+1.02\times(1000-C_1) & (C_1\leq1000) \\ C_2=1500+1.05\times(1000-C_1) & (C_1>1000) \end{cases}$$

。容易验证这个预算线是连续但弯折的，且凸向右上方。

这样的例子是无穷无尽的，预算线的形状也各不相同。总之，只要价格会随着消费量发生变化，预算线就不再是一条直线。

（20）现实生活中的许多经济现象并不能完全用效用最大化的理论框架进行解释，有什么替代性的观点吗？

在现实中的人并不是真正理性的，基于心理-行为框架的经济学给我们提供了很多新的视角。其中最有代表性的研究是美国心理学家丹尼尔·卡尼曼和阿莫斯·特沃斯基在 1979 年进行的研究。

下面以若干例子对基于心理-行为框架的观点进行简单介绍。

① 禀赋效应：是指对于某一物品，人们在拥有时常常比没有时有着更高的心理估价。或者说，人们对损失的感受远超过同等大小的收益，因此在决策过程中倾向于避免损失而非追求收益。这意味着人们拥有某种非对称的效用函数，这种效用函数

的特点在于它的斜率在损失一侧比在收益一侧大得多,同时函数在收益象限是凹曲线,在损失象限是凸曲线,类似于一种反 S 形。

② 框架效应:是指对于客观上相同的两个事物,一个人的选择会受到外界对这两个事物的描述方式或者施加到事物身上的方式的影响。例如,现在一个投资项目面临失败的风险,会产生 10 万元的损失。有两个挽救方案:(A)中止项目,及时止损,这将 100％挽回 2 万元,但损失 8 万元;(B)继续项目,进行风险控制,最终将有 1/3 的概率挽回全部 10 万元的损失,2/3 的概率项目失败,无法挽回任何投资。这两个挽救方案也可以这样描述:(C)将 100％产生 8 万元的损失;(D)1/3 的概率没有任何损失,2/3 的概率损失全部投资。尽管客观上(A)和(C)、(B)和(D)是等价的,只是描述方式不同,但在现实实验中,描述方式的变化影响了人们的判断,绝大多数人选择了(A)和(D)。①

③ 凡勃伦效应:凡勃伦效应以最早阐述这一思想的美国经济学家凡勃伦命名,它用来形容以下情况:一种商品的定价越高,越容易受到消费者的青睐,廉价商品反而不畅销。在形式上看,凡勃伦商品似乎和吉芬商品无异,但二者本质却不相同。凡勃伦效应不属于吉芬商品,它反映了一种“高价光环”下人们进行炫耀性消费的心理。例如,一款动辄几十万元的奢侈品背包,顾客趋之若鹜,但是同样款式、材质类似的普通背包,放至街边普通小店里售卖,就算只卖数十上百元价格也可能无人问津。凡勃伦认为,人们通过炫耀性消费进行模仿、攀比,彰显自己的财富和社会地位。在凡勃伦效应下,对商品征税可能会产生完全不同于传统分析的结果。

④ 阿莱悖论(确定性效应):1952 年,法国诺贝尔经济学奖获得者莫里斯·阿莱设计了这样两组实验。第一组实验要求实验参与者在以下两个不确定性事件中进行选择:(A)100％的概率获得 100 万元;(B)10％的概率获得 500 万元,89％的概率获得 100 万元,1％的概率获得 0 元。在第二组实验中,备选项改为,(C)11％概率获得 100 万元,89％概率获得 0 元;(D)10％概率获得 500 万元,90％概率获得 0 元。

若根据课本中介绍的标准的期望效用理论,人们在两组实验中不应当同时选择(A)和(D),这是因为如果人们选择了(A),就意味着

$$u(100) > 0.1u(500) + 0.89u(100) + 0.01u(0)$$

---

① 　还有一个例子如下。如果有人打算购买一台 125 美元的录音机和一个 15 美元的计算器。销售人员告诉他 20 分钟路程之外的另一家分店正在搞促销,计算器只要 10 美元(录音机还是 125 美元),他会过去吗? 如果现在情况换成,这家分店的促销活动是录音机只要 120 美元(而计算器只要 5 美元),他会过去买吗? 事实上调查结果显示,虽然都是用 20 分钟路程的代价换便宜 5 美元的优惠,但人们在两个场合上的决策存在明显差异。[参考自:安德鲁·马斯-克莱尔,迈克尔·D. 温斯顿,杰里·R. 格林. 微观经济理论(上册).曹乾,译,北京:中国人民大学出版社,2024:6.]

移项整理可得：

$$0.11u(100) + 0.89u(0) > 0.1u(500) + 0.9u(0)$$

这正意味着在（C）和（D）中要选择（C）。换言之，如果人们的行为是理性的、一致的，如果选择了（A），就必须同时选择（C）。然而实验中发生的实际情况却是大多数人同时选择了（A）和（D）。

　　经济学家丹尼尔·卡尼曼与阿莫司·特沃斯基提出确定性效应来回答这一问题。所谓的确定性效应是指人们在决策中会对确定性事件过度重视[①]。

　　除此以外，还有参照点效应、光晕效应等概念，可以进一步参阅行为经济学的相关书籍。

---

　　① 对阿莱悖论的另一种解释是"后悔理论"，即人们面对（A）和（B）时，担心出现明明可以获得的东西，却因贪婪而选择"赌一把"，最终却又一无所获时的后悔感，而选择了较为稳妥的（A）。而（C）和（D）却没有明显的后悔问题，因为这两个选择似乎都很有可能一无所获。[参考自：安德鲁·马斯-克莱尔，迈克尔·D.温斯顿，杰里·R.格林.微观经济理论（上册）.曹乾，译，北京：中国人民大学出版社，2024：188.]

第三章 企业的生产和成本

一、本章导学

本章的内容主要分为两个部分：生产者均衡理论和成本理论。

生产者均衡理论在形式上和消费者均衡理论高度类似，因此可以通过类比进行学习：生产函数对应效用函数，等产量曲线对应无差异曲线（等效用线），边际技术替代率递减规律对应边际替代率递减规律，等成本线对应预算约束线，生产者均衡对应消费者均衡，生产扩展曲线对应收入消费扩展线，等等。

二者之间的相似性主要是数学上的，即都可以表达为有约束条件下的极大值问题，但不应由此忽视二者之间的本质差别：等产量曲线和无差异曲线的内涵细节存在不同，边际报酬递减规律和边际效用递减规律也不完全一致，等等。特别是生产者均衡理论存在短期和长期的区别，只有在长期情形下，生产者均衡理论才类似消费者理论；短期情形可以视作是资本变量固定为常数条件下的特殊情形。

成本理论原则上可以视作生产者均衡理论的延伸，即成本函数是由生产函数所导出的，或者说，成本函数本质上就是给定产量条件下，成本最小化的数学结果。但是实际上，并不是教材中所谈及的成本函数的所有性质都能由生产函数所得到。例如，长期边际成本曲线和长期平均成本曲线均呈 U 形这一结论，无法直接从生产函数的一般性质中得到。事实上，我们在学习中经常接触到的生产函数都无法导出这种类型的成本曲线。当然，这并不是说不存在某个生产函数能够导出这种成本曲线。因此，成本理论还是要作为相对独立的部分进行学习。

二、本章提纲梳理

章　　节		知 识 要 点	学习难点
第三章 企业的生 产和成本	第一节 企业	◇ 企业的类型 ◇ 利润最大化目标 ◇ 企业的其他目标	—

续表

章	节	知 识 要 点	学习难点
第三章 企业的生产和成本	第二节 生产函数	◇ 生产函数和生产要素的含义 ◇ 生产函数的若干典型例子 ◇ 短期和长期的含义	—
	第三节 短期生产函数	◇ 总产量、平均产量和边际产量及三者之间的关系、特征 ◇ 边际报酬递减规律 ◇ 生产的三个阶段	★ 生产的三个阶段和合理投入区 ★ 边际报酬递增的现象
	第四节 长期生产函数	◇ 等产量线及其性质 ◇ 边际技术替代率及其递减规律 ◇ 等产量线的典型和特殊形状 ◇ 等成本线 ◇ 生产要素的最优组合：几何条件和代数条件 ◇ 生产扩展线	—
	第五节 短期成本函数	◇ 成本的若干定义：机会成本、经济成本、会计成本、隐性成本 ◇ 利润的两种定义：经济利润、会计利润 ◇ 不变成本和可变成本 ◇ 总成本、平均成本和边际成本：概念、曲线及曲线形状 ◇ 边际成本曲线与平均成本曲线之间的关系	★ 成本曲线与产量曲线之间的关系 ★ 从生产函数推导短期成本函数
	第六节 长期成本函数	◇ 长期总成本、平均成本和边际成本曲线 ◇ 长期平均成本曲线的形状 ◇ 规模经济和规模不经济及其产生原因 ◇ 规模报酬递增、不变和递减	★ 长期总成本曲线和短期总成本曲线之间的关系 ★ 长期平均成本曲线和短期平均成本曲线之间的关系 ★ 长期边际成本曲线和短期边际成本曲线之间的关系 ★ 规模经济和规模报酬之间的关系 ★ 从生产函数推导长期成本函数
	第七节 本章评析	◇ 生产函数和成本函数理论的局限性 ◇ 生产和成本分析所包含的科学成分	—

三、知识图谱和部分概念阐释

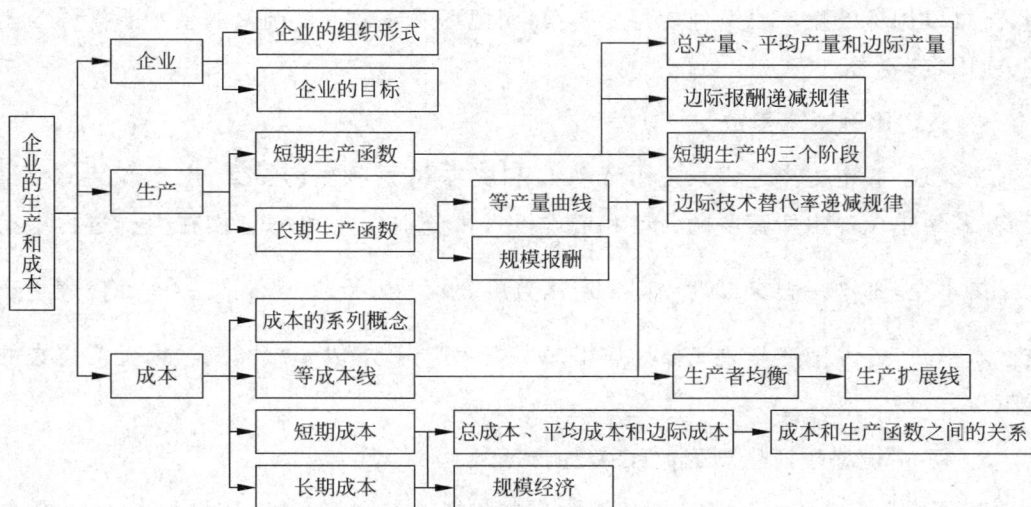

第三章的知识图谱

1. 生产要素

人们把生产过程中的各种投入称为生产要素,传统上来说可以将主要要素划分为劳动、资本、土地和企业家才能四种基本类型。劳动指劳动者在生产过程中以体力和脑力的形式提供的各种服务;资本是指生产过程中投入的物品和货币资金等,如厂房、机器设备、动力燃料和流动资金等;土地泛指一切自然资源,它不仅包括土地本身,还包括地上的河流、森林以及地下的矿藏等;企业家才能则是指建立、组织和经营企业的企业家所表现出来的发现市场机会并组织各种投入的能力。当然,在当今的数字经济下,越来越多的人相信"数据"也是一种重要的要素,它既不属于自然资源,也不属于企业家的个人能力,因此需要进行独立归类和研究。

2. 生产函数

生产函数表示在技术水平不变的条件下,企业在一定时期内使用的各种生产要素的数量与它们所能生产的最大产量之间的关系。设生产过程中投入的劳动、资本、土地、企业家才能等生产要素的数量分别用 L、K、N、E 等表示,而这些要素数量组合所能生产的最大产量为 Q,那么该企业的生产函数可以一般性地表示为 $Q = f(L, K, N, E\cdots)$,一般研究中常简化为 $Q = f(L, K)$。

3. 短期生产与长期生产

生产周期可以被区分为短期和长期,短期和长期不是按照自然时间的长短来划分的。短期是指生产者来不及调整全部生产要素的数量,至少有一种生产要素的数量固定不变的时期;长期则是指生产者可以调整全部生产要素数量的时期。相应地,将可以调整的生产要素称为可变要素,而把不能或来不及调整的生产要素称为不变(或固定)要素。

4. 固定比例生产函数

一般地,假定生产过程只使用劳动 L 和资本 K 两种生产要素,生产产品的数量为 Q,若每单位产出所需要的劳动和资本投入量分别为 a 和 b,它们在生产过程中始终保持不变,则这一固定投入比例生产函数可表示为 $Q = A\min\left\{\dfrac{L}{a}, \dfrac{K}{b}\right\}$($A$ 代表生产技术水平)。这种生产函数又被称作里昂惕夫生产函数,以纪念经济学家里昂惕夫的贡献。

5. 柯布-道格拉斯生产函数(C-D 生产函数)

此函数为纪念美国数学家和经济学家查尔斯·柯布、保罗·道格拉斯 1934 年在生产函数研究上的贡献而命名。柯布-道格拉斯生产函数的一般形式表现为:$Q = AL^{\alpha}K^{\beta}$,其中,A、α 和 β 为三个正的参数,且假定 $\alpha < 1, \beta < 1$。A 可以看成是一个用来表示技术水平状况的技术系数,α 和 β 则分别表示产出关于劳动和资本的弹性值。当然,在西方经济学的边际生产力分配理论中,α 和 β 又分别等同于劳动和资本收入占总产出的比重。柯布和道格拉斯根据早年的研究提出这两个数值大约是 3/4 和 1/4,这两个数值至今仍可在教科书或习题集中见到。

6. 要素的总产量、平均产量和边际产量

以劳动为可变要素的情形为例,劳动的总产量是指一定的劳动投入量可以生产出来的最大产量,即 $\mathrm{TP}_L = f(L, \overline{K})$。这里 $\overline{K}$ 表示资本为固定常数。劳动的平均产量是每单位劳动所生产的产量,即 $\mathrm{AP}_L = \dfrac{\mathrm{TP}_L}{L}$。劳动的边际产量是指增加 1 单位的劳动投入增量所带来的产出增量,即 $\mathrm{MP}_L = \dfrac{\Delta \mathrm{TP}_L}{\Delta L}$。在数学上,边际产量就是总产量对劳动的导数。

7. 边际报酬递减规律

在技术水平和其他要素投入保持不变的条件下,随着某种生产要素投入量的逐渐增加,最初每增加 1 单位该要素所带来的产量增加量是递增的。但当这种生产要素投入量增加到一定程度后,继续追加 1 单位该要素所带来的产量增加量是逐渐递减的。简言之,在其他条件不变的情况下,一种可变投入在增加到一定程度之后,它所带来的边际产量递减。

8. 等产量线

等产量线是指给定技术水平,由生产相同产量所需的生产要素的不同要素投入组合连接起来所描绘的一条曲线。

9. 边际技术替代率递减规律

边际技术替代率递减规律是指在产量不变的条件下,随着一种生产要素数量的增加,每增加1单位该要素所能够替代的另外一种生产要素的数量不断递减,即一种要素对另外一种要素的边际技术替代率随着该要素的增加而递减。

10. 等成本线

等成本线是指给定生产要素的价格,企业花费相同的成本可以购买到的两种生产要素的不同数量组合所组成的曲线。不管在代数意义上还是在几何意义上它都类似于消费者预算约束线。

11. 生产扩展线

生产扩展线是指在生产要素价格和其他条件不变的情况下,随着成本或者产量增加,按照企业的所有生产要素最优组合描绘出来的一条曲线。处于生产扩展线上的生产要素组合必然是企业在相应条件下利润最大化的投入组合,所以生产扩展线也就给出了企业利润最大化的扩展路径。

12. 机会成本

机会成本是指某项资源用于一种特定用途而不得不放弃的其他获利机会,这种成本通常由这项资源在其他用途中所能获得的最高收入加以衡量。

13. 显性成本、会计成本、隐性成本和经济生产成本

显性成本是指企业为生产一定数量的产品购买生产要素所花费的实际支出。企业雇佣工人支付的工资、购买原材料的费用等都是显性成本。这种在会计账户上记录的实际支出也被称为会计成本。

隐性成本是指企业使用自己所拥有生产要素的机会成本。经济学中将企业在竞争的长期环境中所能得到的利润称为正常利润,这种正常利润被视作一种机会成本。

经济生产成本是指显性成本和隐性成本的总和,即

$$经济生产成本＝显性成本＋隐性成本$$

显然,根据定义,正常利润是经济生产成本中的一部分。所以又有

$$会计利润＝收益－会计成本＝经济利润＋正常利润$$

14. 短期总成本

短期来看,企业为生产既定产量所需要的生产要素投入的费用就是该产量下的总成本,它由不变成本和可变成本两部分构成。不变成本又称固定成本,是指不随企业产量变动而变动的那部分成本,它对应着不变投入的费用;可变成本是指随着企业产量变动而变动的那部分成本,它对应着可变投入的费用。用 TC、FC 和 VC 分别表示总成本、不变成本和可变成本,则有 TC＝FC＋VC。有时为了区分长短期,又作 STC＝SFC＋SVC。

15. 短期边际成本

边际成本是指增加 1 单位产量所增加的成本。在短期中,不变成本不随产量变动而变动,随着产量的增加,不变成本的改变量等于 0,所以总成本的改变量完全来源于可变成本。因此,短期边际成本用公式可以定义为

$$MC = \frac{\Delta TC}{\Delta Q} = \frac{\Delta VC}{\Delta Q}, \quad 或 \ SMC = \frac{\Delta STC}{\Delta Q} = \frac{\Delta SVC}{\Delta Q}$$

16. 长期总成本、长期平均成本和长期边际成本

长期来看,企业可以对所有的生产要素进行调整,因而所有生产要素都是可变投入,长期内没有不变成本和可变成本的区分。因此,有关长期成本的讨论只涉及长期总成本、长期平均成本和长期边际成本。长期总成本是指企业在长期中生产一定数量产品时通过改变生产规模所能达到的最低成本。通常把长期总成本表示为 LTC。同样长期平均成本和长期边际成本可分别定义为

$$LAC = \frac{LTC}{Q}, 或 \ LMC = \frac{\Delta LTC}{\Delta Q}$$

17. 边际成本曲线的形状

无论是长期还是短期,边际成本曲线都是呈现先递减后递增的 U 形,但二者的形成原因不同。在短期,U 形的边际成本曲线源于边际报酬递减规律;而在长期则由于生产从规模经济向规模不经济的转变。

18. 平均成本曲线的形状

同样,无论是长期还是短期,平均成本曲线也都呈现 U 形。二者的形成原因同样不同。在短期,U 形的平均成本曲线也是源于边际报酬递减规律;而在长期则依旧是源于规模经济向规模不经济的转变。

19. 规模报酬和规模经济

在企业扩大生产的过程中,如果产量扩大一倍,而生产成本的增加小于(大于)一倍,则称企业的生产存在规模经济(规模不经济)。

在生产过程汇总企业同比例扩大所有生产要素投入,如果产量增加的倍数大于生产要素增加的倍数,则称生产过程是规模报酬递增的;若等于要素增加倍数,则称规模报酬不变;若小于要素增加的倍数,则称规模报酬递减。

可见,规模经济反映的是产量和货币成本之间的关系;而规模报酬反映的是产量和投入要素数之间的关系。

四、基础练习

1. 选择题

(1) 某竞争性厂商的生产函数是 $y=8x^{0.5}$,生产固定成本为 4000 元。若可变要素 x 的价格是 4000 元/单位,则短期成本函数是(　　)。

    A. $4000/y+4000$　　　　　　B. $8000y$

    C. $4000+160y^2$　　　　　　D. $4000+4000y$

(2) 某厂商短期边际成本函数为 $SMC(y)=8y$,那么生产 10 单位产品的可变成本为(　　)。

    A. 120　　　　B. 300　　　　C. 80　　　　D. 400

(3) 某面包店的成本函数为 $C(y)=\dfrac{y^2}{A}$,其中 y 是每月老板卖出的面包数量,A 是面包店铺面积(米^2)。小李现在租了一间 200 米^2 的店面,如果是短期租,他不能改变店面合约,面包的价格平均是 5 元/个,为了实现利润最大化他应该每月卖出(　　)个面包?

    A. 400　　　　B. 450　　　　C. 500　　　　D. 550

(4) 以下关于成本曲线的说法错误的是(　　)。

    A. 长期总成本曲线是短期总成本曲线的包络线

    B. 长期平均成本曲线是短期平均成本曲线的包络线

    C. 当长期平均成本与短期平均成本相等时,长期边际成本也与短期边际成本相等

    D. 长期平均成本曲线是短期平均成本曲线最低点的连线

(5) 存在规模经济的情况下,边际成本与平均成本的关系应是(　　)。

  A. 边际成本小于平均成本   B. 边际成本大于平均成本

  C. 边际成本等于平均成本   D. 边际成本与平均成本无关

（6）假定某消费者辞去已有的 5000 元/月的工作,全力学习某项技能,参加技能培训班需要花费学费 10000 元,技能培训需要自己准备 3000 元的器材,技能培训期间的生活费为 5000 元。请问该消费者参加培训班的机会成本为( )元。

  A. 18000   B. 23000   C. 20000   D. 15000

（7）若劳动与资本的投入组合处于投入产出生产函数等产量线的垂直部分,则( )。

  A. 劳动与资本的边际产量都为负

  B. 劳动与资本的边际产量都为 0

  C. 劳动的边际产量为 0,资本的边际产量为正

  D. 劳动的边际产量为正,资本的边际产量为 0

（8）如果连续增加某种生产要素,在总产量达到最大值时,边际产量曲线与以下哪条线相交?( )

  A. 平均产量曲线   B. 纵轴   C. 横轴   D. 总产量曲线

（9）等产量曲线( )。

  A. 说明为了生产一个给定的产量而可能的各种投入要素的组合

  B. 除非得到所有要素的价格,否则不能画出这条曲线

  C. 表明了投入与产出的关系

  D. 表明了无论投入的数量如何变化,产量都是一定的

（10）劳动 L 为可变要素,当 $L=10$ 时,边际产量达到最大值 50,则( )。

  A. 平均成本达到最小值

  B. 劳动的总产量达到最大

  C. 若劳动的价格为 5,则劳动的边际成本为 1

  D. 以上均不正确

（11）对应于边际报酬递增阶段,STC 曲线( )。

  A. 以递增的速率上升   B. 以递增的速率下降

  C. 以递减的速率上升   D. 以递减的速率下降

（12）设劳动为可变要素、资本为不变要素,则在生产三阶段的划分中,( )不是第Ⅱ阶段的特点。

  A. 劳动边际报酬递减   B. 劳动平均产量递减

  C. 资本的平均产量递增   D. 资本的边际产量递增

(13) 在维持产量水平不变的条件下,如果企业增加 1 单位的劳动投入量就可以减少 5 单位的资本投入量,则有(　　　)。

A. $MRTS_{LK}=5$,且 $\dfrac{MP_K}{MP_L}=5$　　　　　B. $MRTS_{LK}=\dfrac{1}{5}$,且 $\dfrac{MP_K}{MP_L}=5$

C. $MRTS_{LK}=5$,且 $\dfrac{MP_K}{MP_L}=\dfrac{1}{5}$　　　　D. $MRTS_{LK}=\dfrac{1}{5}$,且 $\dfrac{MP_K}{MP_L}=\dfrac{1}{5}$

(14) 在 LAC 曲线与一条代表最优生产规模的 SAC 曲线相切的产量上必定满足(　　　)。

A. 相应 LAC 曲线与代表最优生产规模的 SMC 曲线相交,以及相应的 LTC 曲线与代表最优生产规模的 STC 曲线的一个切点

B. 代表最优生产规模的 SAC 曲线达到最低点

C. LAC 曲线达到最低点

D. LMC 曲线达到最低点

2. 计算题

(1) 已知某厂商的生产函数为 $Q=L^{0.5}K^{0.5}$,假设劳动的价格 $w=4$,资本的价格 $r=10$,回答以下问题:

① 若短期内资本的投入量固定为 40,求劳动的投入函数 $L=L(Q)$;

② 求短期内总成本函数、平均成本函数和边际成本函数分别;

③ 短期内当产品的价格 $p=200$ 时,求厂商获得最大利润的产量和利润;

④ 长期来看,企业的总成本函数是什么? 最大利润是多少?

⑤ 在长期中,企业的生产扩展线是什么?

(2) 假设某企业的短期生产函数为 $Q=-\dfrac{1}{3}L^3+L^2-L+10$,设工资率为 w,请问:

① 该企业的成本函数是什么?

② 能否在不求解成本函数的情况下,确定平均可变成本最小的产量?

(3) 已知某企业的生产函数为 $Q=\min\{K,2L\}$,试回答以下问题:

① 该企业的边际技术替代率是多少?

② 该企业的生产技术属于规模报酬递增还是递减?

③ 该企业的成本函数是什么? 属于规模经济还是规模不经济?

(4) 将生产函数改为 $Q=K+2L$,再次回答第(3)题中的各小问。

(5) 假设劳动为可变要素,资本为不变要素,且要素市场价格不变。请证明:

① 在短期中,劳动边际报酬递减规律等价于边际成本随产量的增加而呈现 U 形特征;

② 在短期中,劳动边际报酬递减规律等价于平均成本随产量的增加而呈现 U 形特征;

③ 边际成本曲线必然穿过平均成本曲线的最低点,该点也是边际产出曲线和平均产出曲线的交点。

(6)请在柯布-道格拉斯生产函数 $Q = L^{\alpha}K^{1-\alpha}$ 的条件下证明参数 α 反映了劳动要素的产出弹性系数,即当 L 增加 1%,Q 就增加 α%。

(7)假定某厂商只有一种可变要素劳动 L,产出一种产品,其短期生产函数为 $Q = -0.1L^3 + 12L^2 + 16L$,市场上工资率 $w = 320$,产品价格 $p = 20$,求解:

① 劳动的平均产量 AP_L 和边际产量为极大时雇佣的劳动人数;

② 请问 $L = 10$ 是否处于短期生产要素的合理投入区间?

③ 平均可变成本极小时的产量;

④ 利润极大时雇佣的劳动人数。

五、进阶练习

1. 选择题

(1)某竞争性厂商的生产函数为 $f(x, y) = x + 2y$。如果要素 x 的价格变成原来的两倍,要素 y 的价格变成原来的 3 倍,那么给定产量水平下新的成本是原来的（　　）。

    A. 1~2 倍　　　　　B. 2~3 倍　　　　　C. 3~4 倍　　　　　D. 4~5 倍

(2)某竞争性厂商使用两种要素投入 x_1 和 x_2,其总产出 $y = x_1^{0.5} x_2^{0.5}$。要素 x_1 的价格是 13 元,要素 x_2 的价格是 11 元。该厂商欲使每单位产出成本最小化,并在要素 x_1 上花费了 369 元,那么它将在要素 x_2 上花费（　　）元。

    A. 520　　　　　　B. 380　　　　　　C. 433　　　　　　D. 369

(3)某竞争性厂商的生产函数为 $y = (2x_1 + x_2)^{0.5}$,x_1、x_2 表示要素 1 和要素 2 的使用量,价格分别为 w_1、w_2,下面哪个说法是正确的?（　　）

    A. 当 $w_1 < 2w_2$ 时,该厂商只使用要素 2

    B. 当 $w_1 \geqslant 2w_2$ 时,该厂商只使用要素 2

    C. 该厂商将全部使用更便宜要素进行生产

    D. 该厂商具有 L 形的等产量线

（4）下列说法中正确的是（　　）。

　　A. 生产要素的边际技术替代率是规模报酬递减规律造成的

　　B. 边际收益递减规律是规模报酬递减规律造成的

　　C. 规模报酬递减是边际收益递减规律造成的

　　D. 生产要素的边际技术替代率递减是边际收益递减规律造成的

2. 计算题

（1）请证明：满足规模报酬递增的生产函数一定是规模经济。

（2）请证明：对于一个产品和生产要素都处于完全竞争市场的企业[生产函数为 $Q=f(L,K)$]来说，在资本要素固定不变的短期内，利润最大化的点不会落在第 I 阶段和第 III 阶段。

（3）某企业用甲、乙两个工厂生产同一种产品，如果用 x 代表甲厂的产量，用 y 代表乙厂的产量，其总成本函数为 $C(x,y)=x^2+3y^2-xy$，试求该企业在生产总量为 60 单位时总成本最低的产量组合。

（4）若某企业用两个加工厂来生产同一种产品，其中甲加工厂的成本函数为 $c_1(q_1)=q_1^2$，乙加工厂的成本函数为 $c_2(q_2)=Aq_2^2$，试问：

　　① 如果 $A=1$，则该企业的总成本函数是什么？

　　② 如果 $A=0.5$，则该企业的总成本函数是什么？

　　③ 假设由于技术更新，乙加工厂的成本函数变为 $c_2(q_2)=0.5q_2$，那么该企业的总成本函数又是什么？

（5）经济学中有要素产出弹性的概念。例如，劳动的产出弹性定义为：$E_L=\dfrac{dQ}{dL}\cdot\dfrac{L}{Q}$，类似地，资本的产出弹性定义为：$E_K=\dfrac{dQ}{dK}\cdot\dfrac{K}{Q}$。试问：

　　① 柯布-道格拉斯生产函数的产出弹性是多少？

　　② 为什么说在其他要素不变的情况下，当某个要素的平均产出达到最大值时，它的产出弹性为 1。

（6）请计算生产函数 $F(K,L)=(1+K^{-1}L^{-1})^{-1}$ 的成本函数，并画出相应的平均成本曲线和边际成本曲线。

六、经济思维和案例课堂

第三章习题答案

（1）阅读以下材料[①]。

---

① 齐祥芹,钱丹蕾,尤诗翔.电商企业的精益供应链成本管理研究——以亚马逊为例.财会月刊,2019,14.

近年来,随着电子商务的快速发展,传统零售业的供应链模式发生了巨大的改变。为了争夺市场,电商企业经常陷入价格战,并且一些电商企业仍未找到可持续盈利的发展模式。美国亚马逊公司(简称"亚马逊")自创立以来业务规模一直保持着持续、高速的增长态势,其营业收入在近16年间增长了近39倍。作为电商企业标杆,亚马逊坚持寻找行之有效的办法来控制其价值流中各个环节的成本。在信息流成本方面,经过多年积累,亚马逊充分收集了顾客消费数据,并由此构建出强大的数据库。在此基础上,通过对顾客消费行为偏好进行分析,向其推送个性化、针对性的产品与服务,在为顾客带来便捷的同时降低了顾客的取得成本。同时,退货率也随之降低,从而降低了退货成本。

根据以上材料,大家认为用户数据这一生产要素在电商企业中是否存在规模报酬效应?

(2) 阅读以下材料[①]。

丰田公司创立于1933年,作为全球最大的汽车厂商之一,丰田公司为什么能充满活力、旺盛不衰?丰田公司的发展很大程度上得益于其著名的丰田原创——目标成本法(Target costing)。目标成本法是丰田汽车公司员工经过几十年努力探索出的成功方法,是运用科学管理原理和工业工程技术开创的具有日本文化内涵的成本管理模式。根据丰田公司的定义,目标成本法是指从新产品的基本构想、设计至生产开始阶段,为降低成本及实现利润而实行的各种管理活动。目标成本法的核心工作是制定目标成本,并且通过各种方法不断地改进产品与工序设计,最终使得产品的设计成本小于或等于其目标成本。目标成本法的实施程序主要由三个阶段构成:第一个阶段,以市场为导向设定目标成本,制定新产品计划与目标售价,然后将成本规划目标进一步详细分解至负责设计的各个部门;第二个阶段,在设计阶段实现目标成本,公司先计算出成本差距,并采用超部门团队方式,利用价值工程寻求最佳产品设计组合以达到目标;第三个阶段,在生产阶段运用持续改善成本法以达到设定的目标成本。

根据上述材料,大家认为丰田公司的目标成本法是否符合本章所阐述的成本理论,怎样体现企业利润最大化原则?

七、知识边界延伸

(1) 生产函数中的技术属性和社会属性。

就生产函数这一范畴的本意而言,其应当反映的是投入要素和产出之间的技术

---

① 吴革,张越.日本最赚钱的企业——丰田汽车公司的目标成本法解析.现代日本经济,2004,2.

数量关系。当然这个技术数量关系总是会受到它所处的生产关系、社会制度、历史文化等一系列因素的影响。但是在一定时期内，在这些因素可视作不变的情况下，此时投入要素和产出之间的关系就可纯粹从生产技术和工艺的角度进行研究。事实上，从 20 世纪 60 年代起，苏联经济学者就开始对生产函数进行非常深入的研究，以研究国民经济核算和增长等系列问题。我国从 20 世纪 80 年代起也加大了对生产函数的研究，至今已取得了丰硕的成果。除宏观经济问题外，生产函数应用范围最广的微观领域之一就是农业生产问题。例如，探讨肥料和产出之间的关系，这一研究被世界范围内的农学家和农业经济学家广泛应用。可见，只要正确认识和合理运用，生产函数本身就是一个有力的分析工具和手段。

但是，当代主流西方经济学的问题是，用生产函数自身的自然和技术属性否认社会生产关系和制度特征，为资本主义生产和分配制度进行辩护。例如，将资本主义制度下获得的利润或利息解释为资本品在生产上的"贡献"，这一点是我们在学习过程中应当加以清醒认识的。

（2）可分的生产函数。

生产函数中用 K 表示的资本内容十分宽泛，既包括货币，也包括实物形态的各种生产资料，如厂房、原材料等。但英国的剑桥学派认为这种加总的资本理论没有意义，因为无法对于资本进行明确的界定，且不同资本类型拥有不同的性质。为了回应这种质疑，人们提出了可分的生产函数的概念。它是这样定义的：假设生产函数 F 中包含两种不同质的资本品 K_1 和 K_2，如果

$$\frac{\partial(\mathrm{MRTS}_{K_1 K_2})}{\partial L} = \frac{\partial\left(\frac{\mathrm{MP}_{K_1}}{\mathrm{MP}_{K_2}}\right)}{\partial L} = 0 \tag{3-1}$$

则生产函数 F 是（弱）可分的生产函数。[①] 简单来说，就是证明若将一般情形下的 n 种投入要素（例如本例中的 K_1、K_2 和 L）划分为 m 个大类（例如本例中的资本和劳动），只要分属于不同大类的要素之间不会互相影响对方的边际技术替代率，那么理论上就可以只研究将这 m 个大类作为要素的生产函数。结论就是，虽然现实中资本或劳动确实是各种各样的，但只要假设它们满足一定数学条件，那么就可以用一个抽象的、只包含 L 与 K 的生产函数进行研究。

（3）两个剑桥之争。

"两个剑桥之争"发生于 20 世纪 50—60 年代，争论的一方是美国麻省理工学院

---

① 还有一种叫作（强）可分的生产函数，是这个定义的更强版本，核心思想一致，这里不再叙述。

教授萨缪尔森、索洛和托宾等,另一方是英国剑桥大学经济学家琼·罗宾逊、斯拉法、卡尔多和帕西内蒂等。由于麻省理工学院坐落于波士顿的剑桥镇,故这场争论也被称为"两个剑桥之争"。该争论缘起于对资本的度量、加总问题,内容和"可分生产函数"密切相关。琼·罗宾逊认为主流西方经济学通过货币核算将本质不同的资本品加总成资本存量的做法存在巨大的缺陷,甚至存在循环论证。在这场争论中,双方从老师到学生都被卷了进来,至今仍偶有交锋。整体来说,在这场争论中,由于主流生产函数理论上的固有缺陷,以英国剑桥为代表的主流西方经济学处于守势,甚至不得不承认自己的理论存在一些局限性。但是,当今的西方主流经济学教科书仍然讲授的是标准的生产函数学说,而对于英国剑桥的批判性观点并未提及。

(4) 为什么等产量曲线是凸向原点的?

这和前面谈及的无差异曲线为什么要凸向原点是一致的。理论上没有什么理由要求等产量线一定要凸向原点,追加这个假设主要是数学分析技术上的要求。当然,从经济意义上讲,也可以这么理解:凸向原点的假设蕴含着要素之间至少存在一些互补性(而不是互斥性),这样均衡而协调地同时使用两种要素能带来更大的(至少是不变的)产量。

(5) 能否表示同时生产多种产出(即联合生产)的生产技术呢?

答案是肯定的。最常用的方法就是所谓的"生产可能集"。以两种产品 y_1、y_2,两种投入 K、L 的情形为例,人们用向量 $y = (y_1, y_2, -K, -L)$ 来表示一个生产计划,其中 K 和 L 前面的负号表示这两项是投入品,而 y_1 和 y_2 前面的正号代表产出。但是这种情况在西方主流经济学中其实很少使用,大多数情况下还是使用多投入—单产出的生产函数形式。

(6) 西方经济学中的成本和零利润。

在西方经济学中,成本一词的含义一直容易令初学者感到困惑。学生经常会问这样一个问题:在成本函数 $c = wL + rK$ 中,如果资本是指资金,那么从机会成本的角度来解释利息率 r 就是资本的价格,那为什么工资支出 wL 不考虑机会成本呢?如果资本是一种实物,那要不要考虑资本的折旧问题呢? 实际上,这些疑惑恰恰是由于西方经济学中资本一词概念上的模糊性所致(和"两个剑桥之争"有关)。从 19 世纪早期开始,西方经济学就有将正常利润视作使用资本的成本、将超额利润视为盈余的传统。这个观念所包含的模糊性在西方经济学内部至今近两百年的争论中并没有得到真正的解决。因此,站在学习的角度来说,可以在认识到这一历史遗留问题的基础上,简单地理解为:西方经济学所谓的成本包含了工资、折旧和正常利润,而在资本市场充分竞争的前提下,产品市场的正常利润就等价于资金市场的利息。大概也正是在这个意义上,教科书中将 r 解释为租用资本的租金,同时包含了折旧和利息两个含义。那么,第四章阐释的完全竞争市场中的零利润,其含义就是企业正好获得正常利润,没有任何超额利润。

(7) 如何从生产函数导出成本函数。

在西方经济学中,成本函数是由给定产量情况下成本最小化问题所导出的,其含义是,给定产量 q 下的最低成本支出。具体的数学形式是

$$C(q) = \min(wL + rK) \quad \text{s.t.} \quad q = F(K, L) \tag{3-2}$$

成本函数可通过求解式(3-2)得出。短期成本函数同样可由式(3-2)得出,只要令 $K = \bar{K}$。通过式(3-2),我们可以轻松地证明,规模报酬递增(递减)的生产函数一定意味着规模经济(规模不经济)的成本函数。

在数学上,这一问题等价于给定成本支出情况下的产量最大化,即

$$Q(c) = F(K, L) \quad \text{s.t.} \quad c = wL + rK \tag{3-3}$$

$Q(c)$ 反映了一定成本支出下可获得的最大产量。

(8) 为什么说长期平均成本曲线和短期平均成本曲线相切时对应的产量,决定长期边际成本和短期边际成本相等,或者说二者在这个产量上相交?

要理解这一点,首先要认识到,所谓长期成本曲线 $C(q)$,本质上是每一条短期成本曲线 $[SC(q)]$ 上特定点(最佳 K 点)的连线,即 $C(q) \equiv SC[q, K(q)]$,这里的 $K(q)$ 是指对于每一个产量 q,最优也就是令成本最小的 K。求导可得

$$\text{LMC} = \frac{dC}{dq} = \frac{\partial SC}{\partial q} + \frac{\partial SC}{\partial K} \cdot \frac{\partial K}{\partial q} \tag{3-4}$$

在式(3-4)中取 $q = q^*$,从而 $K = K^*$,则有 $\text{LMC}\big|_{K=K^*} = \frac{dC}{dq}\Big|_{K=K^*} = \frac{\partial SC}{\partial q}\Big|_{K=K^*} + \frac{\partial SC}{\partial K} \cdot$

$\frac{\partial K}{\partial q}\Big|_{K=K^*}$,可见其中 $\frac{\partial SC}{\partial K}\Big|_{K=K^*} = 0$,这是因为所谓的最优的 K^*,就是指在所有的 K 值中令 SC 取到最小值的那个数值,在数学上的条件就是一阶导数等于零。所以必有

$$\text{LMC}\big|_{q=q^*} = \frac{dC}{dq}\Big|_{q=q^*} = \frac{\partial SC}{\partial q}\Big|_{q=q^*} = \text{SMC}\big|_{q=q^*} \tag{3-5}$$

即长期边际成本曲线和短期边际成本曲线在 $q = q^*$ 处相交。

(9) 现实中真的有生产函数、成本曲线这种事物吗?

其实,很多实务界的从业人员对西方经济学,尤其是其生产者理论的评价很低,认为它们说的无非是一些空洞的故事,现实中人们从未这样经营过企业。西方经济学家们一般辩解说,经济学家从未期待实务界真的按照理论模型来进行决策,而是说这样的理论模型能较好地反映实际行为的结果。这种哲学在为西方经济学的辩护中

非常常见。

在生产函数、成本曲线这个问题上,恐怕几乎没有哪个经济学家真的见过现实中企业所计算的生产函数、成本曲线,更不要说企业以此为基础进行决策。现实中企业的真实决策基本上和生产者理论毫无关系,他们通过过往的经验、工程师的说明、企业的管理现状、对市场未来的嗅觉,并结合一系列财务数据进行决策。

现实中企业的生产函数、成本曲线(如果有的话)究竟是什么样子的呢?纯粹技术意义上的生产函数是存在的,它们可以在工艺工程、存货管理等问题上发挥作用;而对于成本曲线,曾有外国学者进行了一些估算,在所取案例中,和课本所描述的形状大约能对上。所以,按照西方经济学的哲学,生产者理论仍然有其存在的依据。

(10)企业和"黑箱"。

英国经济学家罗纳德·科斯(代表作《企业的性质》)在 1937 年提出这样的问题:为什么会产生企业?企业的边界在哪里?

企业的形式多种多样,在我国有个人独资企业、合伙制企业和公司三种类型。除了极小规模的、完全进行个人经营的场合以外,企业必然意味着一个有结构的组织。但是在标准的西方经济学中,企业被简化为一个由生产函数刻画的"黑箱","黑箱"有两个入口,分别输入资本和劳动;有一个出口,输出产量。输入和输出之间的关系完全是绝对的、技术性的。"黑箱"的内部是什么无从得知。这套学说对于研究现实中的企业几乎没有什么帮助。

现实中的企业是由承担各种角色、职能的人,通过法律契约联合在一起的组织。这套组织内部不是由市场交易来协调的,而是有着明确的层级结构,以一种由上至下的方式发布指令,将各种要素组织在企业目标周围。同时也存在着自下而上的晋升渠道。在资本主义企业中,组织的最底层就是一线工人。用马克思主义经济学的话讲,在资本主义社会,这个组织的内部结构就体现了资本主义生产关系和生产方式。

(11)西方经济学在规模报酬问题上的困境。

西方经济学无论是在教学中还是在研究中,总偏好规模报酬不变假设。那么,现实中的经济究竟是规模报酬递增、递减还是不变呢?按照我们的日常经验,似乎没有理由拒绝其中的任何一种。根据马歇尔的观点,在 19 世纪早期,李嘉图就认为现实中的企业规模报酬既有可能递增,也有可能递减,还有可能不变,而在理论分析中,出于便利的目的,最好假设企业满足规模报酬不变。这大概是规模报酬假设观点的最早出处。

但是,马歇尔认识到,工业方面的规模报酬递增是很常见的(反映为平均成本曲线U形的下降阶段）。但是，西方经济学家并不喜欢这个会摧毁传统学说的结论，因为不可能对企业的规模进行限制，企业越积累规模越大，规模越大积累能力越强，最终资本主义社会会进入垄断状态，而不是西方经济学家更推崇的完全竞争世界。为了限制这个结论，马歇尔追加了额外的条件作为权宜之计。例如，每个企业都有最适合的生产规模、销路困难阻碍了生产规模的扩大等。这些阐述已不常见于当代教科书。

反过来，规模报酬递减也不令人满意，因为这暗示着社会必将走入一个马尔萨斯式的停滞。

西方经济学偏好规模报酬不变假设的另一个原因是，在规模报酬不变的前提下，可以利用数学上的欧拉定理[①]证明边际生产力分配理论下，资本主义分配制度的公正性，否认剥削的存在，即在完全竞争市场中，若企业是规模报酬不变的，则利润最大化行为意味着有 $Y=\dfrac{\partial F}{\partial K}K+\dfrac{\partial F}{\partial L}L=\dfrac{w}{p}L+\dfrac{r}{p}K$，每种要素都按照自己的边际贡献将所有产品分配完毕，不存在任何剩余。这一结论在西方经济学上被称为产品耗尽定理或克拉克分配定理，而若存在规模报酬递增或递减，则要么存在一个无法解释的剩余，要么存在产品不够分的情况。

（12）可复制性和规模报酬不变假设。

西方经济学认为（最初由马歇尔提出），理论上讲，如果所有的生产要素都可以明确界定，那么生产过程就是可复制的，或者说，如果生产要素变为原来的两倍，我们就可以复制原来的生产，即一模一样地按照之前的生产再来一遍，这样我们就可以得到原来的两倍产量。按照这个观点，如果存在规模报酬递减，那么必然是因为某种神秘要素存在稀缺性。进而有些西方经济学家认为，规模报酬不变的模型是最基本的，甚至说，在竞争性市场下，只要研究规模报酬不变的情形就行了。

不过，这个说法没有什么实际意义，因为世界上没有两个一模一样的事物，我们也无法在理论上穷尽所有的生产要素——时间、空间、人的精力和才能，都是难以定义的神秘要素，更无法界定其市场价格。因此最终从实际上来看，我们需要考虑的还是若干常见的、有限种类的，尤其是可市场化的生产要素有可能产生的规模报酬递减的问题。

（13）局部规模报酬。

绝大多数生产函数都不具有单一的规模报酬递增或递减的性质，例如我们最熟

---

① 这里的欧拉定理是指，对于任意一次齐次函数 $f(x,y)$，必然有 $f(x,y)=\dfrac{\partial f}{\partial x}x+\dfrac{\partial f}{\partial y}y$。

悉的 U 形平均成本曲线和边际成本曲线,其对应的生产函数就不满足单一规模报酬的性质,它反映了生产存在规模经济到规模不经济的变化。因此人们定义了所谓"局部规模报酬"的概念。在数学上,我们首先定义生产函数 $F(K,L)$ 在要素组合 (K,L) 处的规模弹性为

$$\mu(K,L)=\lim_{\lambda\to 1}\frac{d\ln[F(\lambda K,\lambda L)]}{d\ln\lambda}=\frac{K\dfrac{\partial F}{\partial K}+L\dfrac{\partial F}{\partial L}}{F(K,L)} \tag{3-6}$$

随着 $\mu(K,L)$ 等于、大于或小于 1,生产函数表现为局部规模报酬不变、递增或递减。实际上认真比较可知,所谓的规模弹性,就是本章进阶练习计算题第(5)题中提及的各要素的产出弹性之和。

为了熟悉这个概念,大家可以试着探讨生产函数 $F(K,L)=(1+K^{-1}L^{-1})^{-1}$ 的局部规模报酬是如何变化的,并结合本章进阶练习计算题第(5)题加以体会。

如果一个生产函数在全局上规模报酬不变、递增或递减,那么它在每一个局部上也规模报酬不变、递增或递减。

(14) 关于总产量曲线、平均产量曲线和边际产量曲线的一点补充。

长期以来,很多教材在绘制总产量曲线(TP)、平均产量曲线(AP)和边际产量曲线(MP)的图形时,大多存在这样的小瑕疵,即将三条曲线的起点都绘制在原点处,但却没有注意到,若 MP(0)=0,则 TP 在 $Q=0$ 处的斜率应当为零。

那么,MP(0)=AP(0)=0 是否会成立呢?AP(0)没有定义,但是在 $Q\to 0$ 上有极限值,那么根据洛必达法则,$AP(0)=\lim_{Q\to 0}\dfrac{TP}{Q}=\lim_{Q\to 0}\dfrac{\dfrac{dTP}{dQ}}{\dfrac{dQ}{dQ}}=MP(0)$。至于 MP(0)是否为零,则没有什么约定。

(15) 关于 LMC 曲线和 LAC 曲线交点的补充。

关于 LMC 曲线和 LAC 曲线的交点,大家比较熟悉的是二者相交于 LAC 曲线的最低点。不过,$Q=0$ 是二者的另外一个交点。这是因为在 $Q=0$ 处,LAC(0)没有定义,但同样根据洛必达法则,$LAC(0)=\lim_{Q\to 0}\dfrac{LTC}{Q}=\lim_{Q\to 0}\dfrac{\dfrac{dLTC}{dQ}}{\dfrac{dQ}{dQ}}=LMC(0)$。所以 LAC 曲线和 LMC 曲线在 $Q=0$ 处收敛。

国外有些知名教材上说二者相交于 $Q=1$ 处,这是根据 $Q=1,2,3,\cdots$ 这样离散取值的说法,连续情况下就是相交于 $Q=0$ 处。

当然,这个结论没有什么明显的经济意义。因此大多数教材淡化了这一结论,在图形中只标出 LAC 最低点这一个交点。

(16) 关于 LAC 曲线的形状及其含义的一些补充。

前面说过,人们在 19 世纪初期就已经认识到了厂商和行业存在规模收益递增、递减或不变的差别。但到了 1902 年,瑞典经济学家纳特·维克赛尔意识到,一个厂商本身就会经历规模收益的所有三个阶段。他第一次明确地提出了 U 形的 LAC 曲线的概念,但关于 LAC 曲线的一些性质和内涵直到 1930 年才被清楚地分析出来。如今,人们大多沿用维克赛尔的观点,将 LAC 曲线呈现 U 形的原因归结于企业扩张过程中规模收益的变化。

但有时,人们也会从以下两个角度探讨这一问题。

其一是所谓的"干中学",即学习效应,是指劳动者(工人、工程师和管理人员)在长期实践中总结生产经验,从而提高了生产效率,降低了成本。"干中学"本质上是改变了企业的生产函数,从而改变了 LAC 曲线的形状。

其二是外在经济和外在不经济。所谓外在经济,是指在长期中,企业进行生产所依赖的外部环境得以改善,使得平均成本下降。反之,则成为外在不经济。如果假设 LAC 曲线的形状只和企业自身条件(如生产函数)有关,那么外在经济将使得 LAC 曲线向下移动;反之则向上移动。

附带一提,维克赛尔本人认识到厂商的生产函数不是一次齐次即规模报酬不变的,从而克拉克分配定理并不一定成立。但是他也认为,完全竞争市场的长期均衡在 LAC 曲线的最低点,此时厂商都是规模报酬不变的,因此完全竞争市场能保证克拉克分配定理的成立。

当然也应当认识到,维克赛尔的这个辩解并没有从根本上解决西方经济学分配学说存在的一系列问题,此处不再展开论述。

(17) 范围经济。

范围经济这个概念在 20 世纪 60 年代前后的产业经济学研究中兴起,重在探讨当时流行的大规模生产条件下,企业效率随着产品数量的增长而提高,代表人物有阿尔弗雷德·钱德勒、弗里德里希·席勒、乔·贝恩等。

范围经济是指在相同的投入下,厂商通过扩大经营范围、增加产品种类,生产两种或两种以上的产品而由于共用机器设备、营销成本,更充分地利用副产品等,引起的单位成本的降低。只要把两种或更多的产品进行联合生产,就会比单独生产的成本要低,也就会存在范围经济。反之,若厂商进行联合生产的成本高于分开生产的成本,则存在范围不经济。

衡量范围经济程度(SC)的公式为

$$SC = \frac{C(q_1) + C(q_2) - C(q_1, q_2)}{C(q_1, q_2)} \tag{3-7}$$

式中,$C(q_1)$表示单独生产q_1所耗费的成本;$C(q_2)$表示单独生产q_2所耗费的成本;$C(q_1, q_2)$表示联合生产两种产品所耗费的成本。SC的值越大,范围经济程度就越高。

(18) 脊线:等产量曲线的形状和合理投入区。

脊线是指等产量曲线上斜率为零的点或斜率为无穷大的点与原点的连线,也即技术替代率为零或无穷大的生产要素投入组合方式的轨迹。图 3-1 有一组等产量曲线,曲线 OE、OF 为两条脊线,在其上任意一点处(例如 E 和 F 点)对应的等产量线的切线斜率,也就是边际技术替代率分别为无穷大和零。

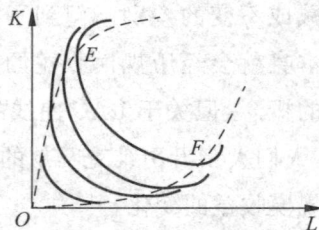

图 3-1　等产量线和脊线

在两条脊线所包围的区域内,等产量线的斜率为负值,这表示两种生产要素可以相互替代,在产量不变的情况下,一种生产要素投入增加,另一种生产要素投入则减少,这是一种正常的情况。

而在脊线以外的区域,等产量线的斜率为正值,这表示当一种生产要素投入增加,另一种生产要素需要同时增加才能保证产量不变,这意味着其中一种生产要素投入达到饱和,使其边际产量为负,从而需要另一种生产要素投入来弥补。因此,脊线以外的区域就是短期分析中的不合理投入区,即进入了阶段Ⅲ。因此,我们的大多数研究只讨论等产量线在脊线内部的部分。

与效用理论相比,由于偏好的多比少好假设,也就是假设了边际效用不为负,无差异曲线从根本上就不存在向右上方倾斜的部分;而等产量线则存在向右上方倾斜的部分,因为存在边际报酬为负的情况,只是在一般研究中不对其进行讨论,这是二者的差别。

(19) 关于边际成本曲线和平均成本曲线交点的小故事。

现在我们都已经知道,边际成本曲线和平均成本曲线都呈 U 形,且边际成本曲线穿过平均成本曲线的最低点。虽然当今的本专科一年级新生就被要求用数学证明这一点,但最早人们对此了解得并不深入。在 20 世纪 30 年代,发明柯布-道格拉斯生产函数的著名经济学家保罗·道格拉斯在给哈佛大学的高年级本专科生上课时,是将这个如今极为普通的结论当作只给最优秀的学生讲授的额外知识来对待的。而且更重要的是,当时道格拉斯对学生们(当时萨缪尔森就在这个课堂上)说,自己无法解释为何边际成本曲线必定穿过平均成本曲线的最低点。现在,请读者试着证明一下吧。

（20）短期边际成本曲线和长期边际成本曲线的关系——勒夏特列原理。

长期平均成本曲线是短期成本曲线的包络线这一点,读者在学习过程中都能加以重视和认识,但却很容易忽视同一幅图中长期边际成本曲线和短期边际成本曲线之间的关系。这里有必要加以强调。

二者关系的关键在于:当长期平均成本曲线和短期平均成本曲线相切时,在相应的产量上,对应的短期边际成本曲线和长期边际成本曲线也相交。

由此延伸出了一个特性,也是很容易被初学者所忽略的,就是长期边际成本曲线相较于短期边际成本曲线更加"平坦"。由于在完全竞争条件下,长期边际成本曲线和短期边际成本曲线分别是长期供给曲线和短期供给曲线,因此这意味着长期供给曲线比短期供给曲线对价格的反应更加敏感一些。可以直观地认为,这是因为长期中资本规模可以自由改变,因此当价格发生变化时,企业在供给量上的调整可以更加灵活。当然,也可以用数学的方法加以严格证明,感兴趣的读者可以试一试。这个结论在经济学上也常被叫作勒夏特列原理[①]。

（21）关于长期平均成本曲线作为短期平均成本曲线包络线时的错误。

如今教材一再强调,长期平均成本曲线是短期平均成本曲线的包络线,但并不是每个短期平均成本曲线最低点的连线。这是初学者很容易犯错的地方。事实上,最早研究这个问题的芝加哥大学教授雅各布·瓦伊纳在他1931年的论文中犯了相同的错误:他在求解长期成本曲线的问题时,并不是将短期平均成本曲线的切线连接起来,而是认为长期成本曲线应由每条短期平均成本曲线的最低点组成。他的数学绘图师"王"(Y. K. Wong)告诉他说这是不可能的,但瓦伊纳坚持认为自己可以做到。当时还是瓦伊纳学生的萨缪尔森就调侃说:是的,你只要有一把很粗的笔就行了。可见,连瓦伊纳这样的开创性研究者都会在这个问题上犯错,我们在学习中更要仔细。

（22）数字经济下的生产要素。

随着人工智能、大数据等信息技术的发展和数字经济的兴起,数据被视为一种新型生产要素,是数字经济发展的核心战略资源。

相比于传统生产要素,数据要素存在一系列特质。其一,数据是一种虚拟信息,

---

① 勒夏特列是一名法国化学家,这里是借用了化学术语。

在技术上可重复使用,在生产过程中不仅不会被磨损消耗,反而能够依托平台生成更多数据要素,与传统生产要素深入融合存在规模报酬递增的特质;其二,数据不仅仅局限于传统生产过程,甚至可以在人们的休闲娱乐中生产出来;其三,数据要素的共享属性使其存在某种公共物品的特征等。这些特性都要求进一步研究数字时代条件下的要素理论。

第四章 完全竞争市场

一、本章导学

在本章和第五章,我们将学习市场结构理论。所谓市场结构理论,就是指根据产品特征、垄断程度等,将市场划分为完全竞争市场、垄断竞争市场、寡头市场和垄断市场等类型,由此研究在不同市场下企业的决策行为;并在此基础上进一步考察相应市场的运行特点。本章研究的是完全竞争市场。

所谓完全竞争市场,其特点是没有任何进出壁垒,信息完全透明,没有任何交易成本,存在极大量的小微企业,每个企业都生产高度同质化的产品。这些企业规模很小,没有任何市场影响力,只能接受市场决定的价格,它们既在市场中经受大浪淘沙,又不得不随波逐流。最终,在激烈的竞争下,每个企业都只能获得零经济利润,即获得平均限度的会计利润。

完全竞争市场是一种理论上的假想概念,现实中不存在绝对意义上的完全竞争市场。因为在现实中,哪怕是一间小小的、完全售卖同质化商品的便利店,也会因为地理空间、客群等因素存在差异,在局部形成一个垄断市场。但是,完全竞争市场提供了一种简化的理论基准,可用于比较其他市场结构。在一定意义上甚至可以说,在西方主流经济学中,不完全竞争理论只是在完全竞争基础上进行的修正和扩展。

在第一章中,当我们对生产理论和成本理论展开分析时,实际上隐含着完全竞争市场的假设。换言之,我们之前所谈到的生产理论和成本理论,实际上是以完全竞争为前提的生产理论和成本理论。

另外,西方经济学往往对完全竞争市场概念有着特殊的精神向往,认为完全竞争市场是最有效率的、能实现帕累托最优的市场,是一个社会的理想状态和应当追求的目标,甚至认为社会分配不公也是因为市场不完善(即偏离完全竞争状态)所致。例如,在西方经济学中,只要市场是完全竞争的,厂商就实现了利润最大化,消费者就实现了效用最大化,市场就实现了均衡;资本主义制度不存在剥削,每种要素均可在竞争市场中获得自己的边际产出,即自己对生产的贡献。西方主流经济学家解决社会问题的政策建议,大多也是沿着促进和改善市场竞争的思路展开的。

完全竞争市场这一观念最早起源于18世纪末19世纪初资产阶级革命时期的社会经济诉求,以重农学派的自由放任口号以及斯密的看不见的手命题为代表,并和资产阶级学者宣扬的资本主义制度的和谐、公正观密切相关。在19世纪,西方各资本主义国家的企业主要是小型企业,以工厂主和出资人互相结合的方式经营。后来,尽管资本主义世界进入了垄断阶段,多次遭受经济危机的冲击,但这一观念在很大程度上保留至今。

总之,西方经济学中所描述的完全竞争市场只是一种理论模型,在研究上具有一定的合理性和必要性,其结论和相关政策主张中的合理成分也有一定的借鉴意义。但是,不能误认为完全竞争市场是一种真实存在的经济现实,也不能认为完全竞争能解决资本主义制度下的固有矛盾,更不能教条地认为西方经济学语境下所谓的完全竞争是我国社会主义市场经济的理想模式和参照物。对于西方经济学中的完全竞争市场理念和学说我们应当客观、辩证地看待。

二、本章提纲梳理

章　节		知识要点	学习难点
第四章完全竞争市场	第一节企业收益、市场结构和利润最大化	◇ 总收益、平均收益和边际收益 ◇ 市场结构的四种类型(从完全竞争到垄断)及其特征 ◇ 企业利润最大化原则的数学条件	—
	第二节完全竞争企业面临的需求曲线和收益曲线	◇ 完全竞争企业的需求曲线("价格接受者")	★ 完全竞争企业的需求曲线和完全竞争市场的需求曲线之间的关系
	第三节完全竞争企业的短期均衡	◇ 完全竞争企业的短期均衡条件 ◇ 企业短期均衡下的盈亏 ◇ 短期亏损下的三种情况(停业点) ◇ 企业和市场的短期供给曲线 ◇ 生产者剩余的概念 ◇ 完全竞争使总剩余最大	★ 从企业均衡推导供给曲线 ★ 从企业供给曲线推导市场供给曲线("加总错误")

续表

章　节	知识要点	学习难点
第四章 完全竞争市场 ｜ 第四节 完全竞争企业和市场 的长期均衡	◇ 企业规模调整和行业规模调整 ◇ 企业长期均衡的条件 ◇ 长期供给曲线的三种情况	★ 三种长期供给曲线的推导过程 ★ 长期均衡下的"克拉克分配定理"
	第五节 本章评析	◇ 完全竞争假设的非现实性 ◇ 如何正确理解完全竞争市场均衡 "零利润"的含义	—

三、知识图谱和部分概念阐释

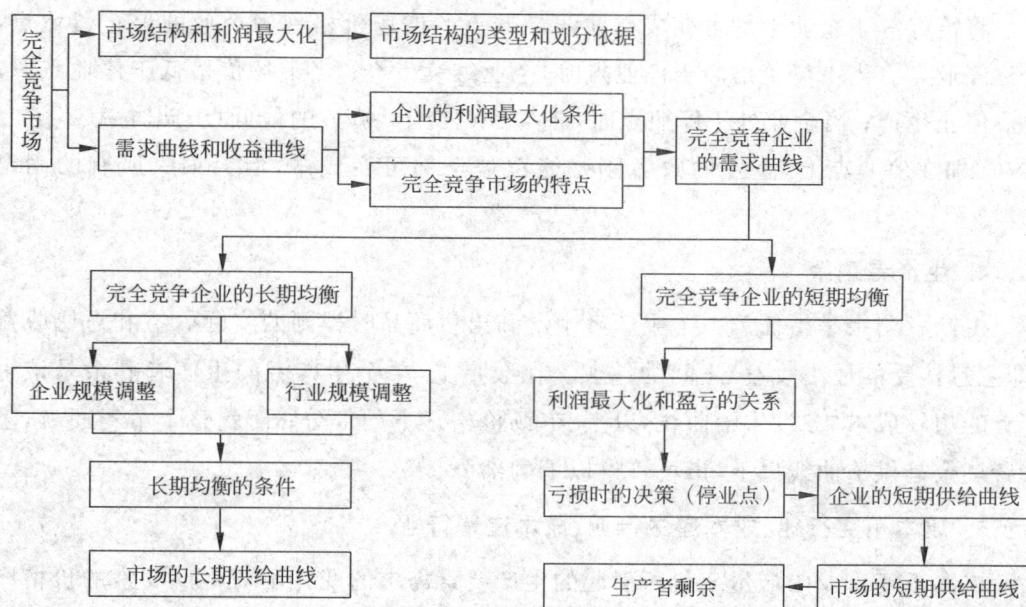

第四章的知识图谱

1. 完全竞争市场

西方经济学中的完全竞争市场是一种理论模型,用于描述一种特殊的、理想的市场竞争状态。完全竞争市场有大量(几乎无穷多)买家和卖家,每个买家和卖家都是价格接受者,没有任何市场势力,无法影响市场价格。所有产品在质量、特性和功能上都是相同的,不同卖家的产品视为完全可替代。所有的企业都可以完全自由地进入和退出一个完全竞争市场,没有任何技术、资金和法律等方面的障碍或壁垒。最后,买家和卖家拥有完全相同的信息,不存在任何交易上的成本和障碍。在现实中,真正意义上的完全竞争市场并不存在。

2. 总收益、平均收益、边际收益

企业的总收益是指企业销售产品后所获得的收入,等于产品的销售价格与销售数量(微观经济学总是假设企业的销售数量就是产量)的乘积,即 $R=PQ$。平均收益指企业平均在每一单位产品销售上所获得的收入,即 $AR=\dfrac{TR}{Q}$。边际收益是指企业增加 1 单位产量所引起的收益的增量,即 $MR=\dfrac{\Delta R}{\Delta Q}$,或 $MR=\dfrac{dR}{dQ}$。

3. 停止营业点

将恰好等于企业平均可变成本曲线最低点的市场价格称为企业的停止营业点,又称停业点。当市场价格高于停业点时,企业继续生产;当市场价格低于停业点时,企业停止生产;当企业处于停业点时,P 与 MC 交于 AVC 的最低点,此时 $AC>P=AVC$,即在停业点上,企业的收益刚好能覆盖全部可变成本,但会损失所有的固定成本。

4. 生产者剩余

生产者剩余是指任意一个生产者生产和出售商品时得到的实际收益和意愿收益(即愿意接受的最小收益)之间的差额。在数量上,单个生产者的生产者剩余是该生产者的边际成本曲线(供给曲线)以上、市场价格之下的部分;而就整个市场而言,生产者剩余是供给曲线以上、市场价格以下的部分。

5. 成本不变行业、成本递减行业、成本递增行业

成本不变行业的产量变化所引起的生产要素需求的变化不对生产要素的价格产生影响。成本递减行业的产量增加所引起的生产要素需求的增加反而使生产要素的价格下降。成本递增行业的产量增加所引起的生产要素需求的增加会导致生产要素价格的上升。

四、基础练习

1. 选择题

(1) 在完全竞争市场中,以下哪种特征是不存在的?(　　　)

  A. 完全信息   B. 价格接受者

  C. 广告宣传   D. 自由进出市场

(2) 在完全竞争市场中,单个企业的需求曲线是什么形态?( )

  A. 上升   B. 下降   C. 水平   D. 垂直

(3) 完全竞争市场的厂商总收益曲线的斜率( )。

  A. 固定不变   B. 经常变动   C. 等于 1   D. 等于 0

(4) 在完全竞争市场中,个别企业的需求曲线与市场需求曲线之间的关系是( )。

  A. 相同   B. 相反   C. 无关   D. 不确定

(5) 完全竞争市场长期均衡下的价格和边际成本之间的关系是( )。

  A. 价格等于边际成本   B. 价格高于边际成本

  C. 价格低于边际成本   D. 价格完全无关边际成本

(6) 在长期均衡条件下,完全竞争市场中企业的经济利润是( )。

  A. 正值   B. 负值   C. 0   D. 不确定

(7) 一个完全竞争市场中的企业的需求曲线是水平线的原因是( )。

  A. 它的产量只占行业全部产量的一个很小的份额

  B. 该行业没有任何进入和退出壁垒

  C. 它对价格有较大的控制力

  D. 它能够把它的产品与所在行业其他企业的产品区分开

(8) 在完全竞争市场中,当市场价格高于均衡价格时,首先会出现的是( )。

  A. 新企业进入市场   B. 企业退出市场

  C. 价格上涨   D. 价格下降

(9) 在完全竞争市场的长期均衡条件下,以下说法错误的是( )。

  A. 所有企业都获得正会计利润

  B. 所有企业都获得零经济利润

  C. 所有企业都获得正的生产者剩余

  D. 有些企业能获得超额利润

(10) 如果价格低于平均可变成本的最低值,则完全竞争企业的短期供给曲线( )。

  A. 与边际成本曲线重合   B. 与可变成本曲线重合

  C. 与价格轴重合   D. 与产量轴重合

(11) 在要素成本不变的情况下,相对于短期供给曲线,完全竞争企业的长期供给曲线( )。

  A. 更缺乏弹性　　　　　　　　　B. 拥有相同的弹性

  C. 更富于弹性　　　　　　　　　D. 无法判断

(12) 若在完全竞争企业的短期均衡上 $AVC < P < SAC$,则该企业(　　)。

  A. 亏损,应立即停止生产　　　　B. 亏损,但应继续生产

  C. 亏损,生产或不生产均可　　　D. 获得正常利润,应继续生产

(13) 成本递增行业的长期供给曲线是(　　)的。

  A. 水平　　　　　　　　　　　　B. 自左向右上倾斜

  C. 垂直　　　　　　　　　　　　D. 自左向右下倾斜

(14) 在完全竞争的条件下,以下说法错误的是(　　)。

  A. 短期中利润最大化必然意味着正利润

  B. 长期中利润最大化必然意味着零利润

  C. 企业需求曲线和平均成本曲线相切是长期中利润最大化的充分条件

  D. 企业需求曲线和边际成本曲线相交是长期中利润最大化的充分条件

(15) 若生产要素的价格与数量向正方向变化,则该行业是(　　)。

  A. 成本不变行业　　　　　　　　B. 成本递减行业

  C. 成本递增行业　　　　　　　　D. 不能确定

(16) 对于一个完全竞争市场中的企业来说,以下说法错误的是(　　)。

  A. 在长期中,利润等于生产者剩余

  B. 在短期中,利润等于生产者剩余

  C. 在长期中,生产者剩余等于零

  D. 在短期中,利润小于生产者剩余

2. 计算题

(1) 假设某完全竞争行业中代表性企业的长短期成本函数分别为 $LTC = Q^3 - 16Q^2 + 180Q$ 和 $STC = 2Q^3 - 24Q^2 + 120Q + 200$,且假设要素市场价格不随该行业产量变化而变化。回答以下问题。

  ① 在长期中,市场均衡价格是多少?

  ② 在短期中,如果市场价格为 60 元,那么该企业的产量是多少? 生产者剩余是多少?

  ③ 在短期中,代表性企业的停业点是什么?

(2) 假定某完全竞争行业在长期中是成本不变的,需求函数为 $Q_D = 1000 - 100P$,代表性企业的长期成本函数是 $LTC = Q^3 - 5Q^2 + 30Q$。试求:

① 该行业的长期供给函数；

② 该行业在长期的均衡价格、均衡产量和企业数量。

五、进阶练习

1. 选择题

(1) 在成本不变行业中的完全竞争企业，在长期均衡时产量的增加(　　　)。

  A. 完全来自新企业

  B. 完全来自原有企业

  C. 部分来自新企业，部分来自原有企业

  D. 无法判断

(2) 对于完全竞争市场下企业的长期供给曲线，以下说法错误的是(　　　)。

  A. 等于长期边际成本曲线超过 LAC 最低点的部分

  B. 当规模报酬不变时，该曲线是一条水平线

  C. 比短期供给曲线平坦一点

  D. 在某些条件下，有可能是向右下方倾斜的

(3) 如果政府对每单位产品征税 t，那么完全竞争企业的供给曲线为(　　　)。

  A. $P = \text{MC}$ B. $P = \text{MC} + t$

  C. $P + t = \text{MC}$ D. 以上均错

(4) 短期中，以下关于安全竞争企业的说法不可能出现的是(　　　)。

  A. 可变要素的平均产品是下降的

  B. 可变要素的平均产品是上升的

  C. 平均可变成本是下降的

  D. 平均成本是下降的

(5) 如果某行业的代表性企业存在规模经济的情况，那么该行业的长期供给曲线(　　　)。

  A. 向右上方倾斜   B. 向右下方倾斜

  C. 保持水平   D. 无法判断

2. 计算题

(1) 设在完全竞争市场的某企业的生产函数为 $Q = K^{0.5}L^{0.5}$，其面临的市场工资率为 w，利息率为 r。在短期中，$K = \overline{K}$。试求：

① 短期成本函数、短期边际成本函数和短期平均成本函数；

② 长期成本函数、长期边际成本函数和长期平均成本函数;

③ 将上述曲线画在同一幅图中;

④ 在长期和短期中,该企业是否分别存在令其利润最大化的产量?

⑤ 产品市场价格为多少时该企业达到长期均衡,其利润是多少?

(2) 假设在某完全竞争行业中有许多相同的代表性企业,其 LAC 曲线的最低点为 6 元,产量为 600 单位;当产量为 663 单位产品时,各企业的 SAC 为 7 元。现在市场的需求函数与供给函数分别为 $Q_D=60000-2000P$ 和 $Q_S=33000+2500P$。试问:

① 当前市场均衡价格是多少? 并判断该行业是处于长期均衡还是短期均衡。

② 在长期均衡时,该行业有多少个企业?

③ 如果市场需求函数改变为 $Q_D=69000-2000P$,那么行业和企业新的均衡价格、产量分别是多少?

(3) 在某完全竞争市场中有两个企业,它们的成本函数分别为 $C_1(q)=2q^2+2q+10$、$C_2(q)=4q$,试问:

① 是否存在令两个企业都进行生产的价格范围? 如果有,是多少?

② 这两个企业的总短期供给曲线是什么?

(4) 某完全竞争市场中,代表性企业的平均成本函数为 $AC(q)=q^2-2q+10$。此外,假设市场需求和各要素成本都保持不变。目前市场处于长期均衡状态。现在政府向企业出售的每单位产品征收 t 的税收。试问:

① 在征税之后市场价格还没有发生变化的情况下,代表性企业的产量是多少? 利润是多少?

② 在征税之后充分长的时间后,企业进出达到了新的平衡,此时代表性企业的产量、利润和长期均衡价格分别是多少?

③ 将对问题②的答案和第一章所说的税收分摊这一结论进行对比,会得到什么结论?

第四章习题答案

六、经济思维和案例课堂

(1) 在春节期间,人们常常发现身边的餐饮店、旅店、洗车店等会不同程度地上调价格。例如,有报道①称:

今年春节假日,武汉洗车价格普遍涨到每台 60 元,不少网友发帖抱怨洗车店"趁节打劫"。店主说,别人涨,我们也得涨,去年同期也涨得蛮高,每天也不愁生意,一天

---

① 文建东,韦鸿.《西方经济学(第二版)》案例解析.北京:高等教育出版社,2022:101-102.

要洗好几十台车。

但涨价还是引发了大量车主吐槽。车主对记者说,这个价涨得太离谱了,如果其他行业也这样,医院也有理由涨到平时的几倍,春节期间急着看病的人高价也会看,建议工商、物价部门给个指导价。

而根据另一则报道:春节期间的洗车店中仅剩下 3 个工人在工作。老板说:春节期间大多数工人都回老家了,我们人手不够,不涨价也忙不过来。

请问应当如何运用完全竞争市场理论看待这个问题?春节涨价是一种价格歧视吗?你觉得医院等机构也会出现春节涨价的情况吗?为什么大型超市在春节期间很少看到大幅涨价的情况?

(2) 有资料显示[①]:2020 年,各类餐饮的市场份额为:四川菜占比约为 12.4%,广东菜占比约为 8.2%,江浙菜占比约为 6.3%,湖南菜占比约为 6.3%,北京菜占比约为 3.5%,西北菜占比约为 3.3%,东北菜占比约为 3.2%,安徽菜占比约为 3.3%,云南菜占比约为 3.1%,新疆菜占比约为 3.1%,火锅占比约为 13.7%,中式快餐占比约为 12.2%,中式美食广场占比约为 7.5%,中式烧烤占比约为 4.7%,其他中式正餐占比约为 5.8%,其他占比约为 5.3%。

中国的餐厅可按经营模式分类为自营连锁餐厅、加盟店及非连锁餐厅。2019 年我国非连锁餐厅市场规模为 37549 亿元,占比 80.4%。自营连锁餐厅市场规模为 2079 亿元,占比 4.4%。加盟餐厅市场规模为 7093 亿元,占比 15.2%。

按服务类型的不同,中国餐饮业一般可分类为快餐、休闲餐饮、正式餐厅及其他。正式餐厅市场份额最大,2019 年正式餐厅市场规模为 26882 亿元,占比 57.5%。快餐及休闲餐饮市场份额较小,分别为 22.9%、11.4%,但是市场增速较中国整体餐饮业增长更快,预计快餐及休闲餐饮市场份额将提升。

请问,在以上资料所展示的范围内,我国餐饮业属于完全竞争市场还是垄断竞争市场?单个餐厅的需求和利润情况符合什么样的特征?在生活中,是否有"寡头"式的大型餐饮?通过本案例和上一个案例的对比,你对西方经济学中的市场结构划分有什么样的体会?

(3) 西方经济学通常认为农产品市场是一个典型的完全竞争市场,完全竞争市场应当是最有效率的、资源得到最优配置的市场。但现实中的农业生产却存在很多具体的问题,例如[②]:

---

① 文建东,韦鸿.《西方经济学(第二版)》案例解析.北京:高等教育出版社,2022:120-121.
② 陈卫洪,耿芳艳.网络营销赋能农村产业发展的机制研究——新媒体平台"直播+短视频+商城"助农案例及其分析.农业经济问题,2023,11.

　　我国农村产业发展总体还处于培育成长期,在实现产业发展过程中还有许多突出问题和瓶颈亟待解决。例如,生产经营成本变高、营销渠道组织功能不健全以及产品质量标准、加工、产后流通、销售等环节竞争力不足;农产品产销对接问题严峻、小生产与大市场矛盾突出、农产品局部供过于求以及消费者对高质量产品需求旺盛的矛盾日益凸显;农村推行关于农产品的农户→农产品集散市场→零售商→消费者的流通模式存在效率损耗严重的情况,市场运转不稳定;三产融合程度不高,规模小、行业分散、龙头企业带动能力弱,产业基础过于薄弱而不知如何融合,多要素利益分配和联结机制缺失;乡村产业全链条发展不够完善,主要表现在以下方面,一产向后延伸不充分,二产连接两端不紧密,三产发展不足;产业要素活力不足,农村资源转化为资产的渠道尚未打通,阻碍了金融资本和社会资本进入农村产业;发展质量和效益不高,优质绿色农产品占比相对较低,休闲旅游出现同质化现象,缺乏小众、精准、中高端产品和服务,品牌溢价有限。

　　进入互联网＋时代,随着社交媒体、电子商务等互联网平台的快速发展,网络营销已经成为营销的主流手段,避免了传统营销方式下的地区封锁、交通阻隔、信息封闭等局限,打开了乡村旅游、休闲农业、农产品等通向市场的大门,为乡村产业提供良好的发展机遇。为解决农村产业发展所面临的诸多问题,将网络营销与农村的产业经营机制进行有机整合,令其发挥系统性作用,从而发展乡村产业,已成为乡村产业兴旺的新趋势。

　　事实上,为了解决农产品难卖问题,国家出台了一系列政策,推动建立农产品网上销售体系,打通农产品"出村进城"渠道,促进农产品与市场的有效对接,为农村产业发展提供有力支撑。

　　阅读以上材料,并思考以下问题:现实中的农产品市场为什么不是一个理想的完全竞争市场,有哪些条件没有满足?完全竞争市场中为什么没有流通问题?完全竞争市场中的小型企业在现实中有什么局限性?具有市场力量的龙头企业在现实中有什么重要作用是西方经济学完全竞争市场中没有提及的?除了材料中提及的问题,我国的农产品市场还存在哪些问题?

七、知识边界延伸

1. 完全竞争市场中企业的数量

　　我们知道完全竞争市场均衡条件分为两个部分:一是 $p=\mathrm{MC}$,二是 $\pi=0$。一般来说,典型的题目是让我们求解市场均衡价格 p^* 和代表性企业的产量 q^*。有时,考题会让求出均衡处的企业数量（记为 J^*）。原则上，我们只需要将 p^* 代入市场需求曲线求出市场均衡的总产量 Q^*，然后利用 $Q^* = J^* q^*$ 求出 J^* 即可。

不过，应当认识到，在完全竞争条件下，若要能求解出一个具体的企业数量 J^*，必定存在一个使平均成本达到最小值的产量 $\bar{q}$，且代表性企业的长期均衡产量 $q^* = \bar{q}$，而 p^* 也就是相应的平均成本的最小值 $\bar{c}$。用课本的例子来说，就是平均成本曲线 AC 应当呈现 U 形。

反过来说，对于规模报酬不变的企业，由于其边际成本是一个固定的数（记为 c），从而完全竞争市场长期均衡的价格 $p^* = c$，但却无法由此求得具体的 q^*，从而这个行业也就不存在明确的 J^*。

2. 生产者剩余和企业利润的关系

生产者剩余就是扣除固定成本的利润，即生产者剩余＝利润－固定成本。但是，严格来讲，这里的固定成本特指固定成本中的沉没部分。这里的意思是，有些形态上看是固定成本的支出，有一部分却是可以通过某种方式追回的（例如把机器和工厂直接卖掉回收资金），那么这种固定成本实际上就不是沉没成本，应当视作一种可变的因素。这样定义生产者剩余，是因为在企业经营中，真正重要的是那些已经无法改变的事实之外的部分。事实上也正是因为这个原因，当企业利润虽然为负，但生产者剩余为正时（表现为价格在停业点之上），企业应当继续经营。

当然，这个区分在一般的西方经济学课程中并不是非常重要，因此基本上可以直接认为生产者剩余＝利润－固定成本。

3. 短期生产者剩余和长期生产者剩余

有些教材特别将生产者剩余分为了短期生产者剩余和长期生产者剩余两类。可以说，短期生产者剩余等于短期（经济）利润加固定成本，而在长期中由于没有固定成本，因此长期生产者剩余就等于长期（经济）利润。由于生产者剩余总是价格以下、供给曲线以上的部分，因此，短期生产者剩余和长期生产者剩余之间的差别关键在于长短期的供给曲线。

有时人们会站在整个行业层面而非单个企业的层面来看待生产者剩余。当站在行业层面来看时，在完全竞争市场条件下，当成本不变时，不存在规模经济（规模不经济）或规模报酬递增（递减），因此当行业长期供给曲线是一条水平线时，长期生产者剩余为零，整个行业的经济利润也为零。

那么，在长期中呈现成本递增或成本递减的行业是什么情况呢？有的作者认为，只有长期成本递增的行业才能存在正的长期生产者剩余，而长期成本递减的行业则没有定义。但更多的作者认为，完全竞争市场理论体系必然意味着长期市场供给曲线是一条水平线。或者说这些作者否定了行业长期供给曲线向上或向下倾斜的可能性，他们认为向上或向下倾斜的供给曲线根本就是和完全竞争市场前提相矛盾的[①]。因此他们认为完全竞争市场的长期行业生产者剩余必然为零，而长期总剩余就是总消费者剩余。

尽管理论上仍存争议，但万幸的是，在微观经济学的理论前沿中，消费者剩余和生产者剩余相关理论已不太重要。而在一些简化的应用性研究中，对概念的界定则无须特别严谨和严格。

4. 完全竞争企业的短期供给曲线和短期生产的要素合理投入区的关系

完全竞争企业的短期供给曲线和短期生产的要素合理投入区有什么关系吗？

答案是有的。完全竞争企业的短期供给曲线对应的就是短期生产的要素合理投入区。或者说，如果完全竞争企业处于要素合理投入区，那么它也处于短期供给曲线上，反之亦然。这是因为，完全竞争企业在短期中，$MC = \dfrac{w}{MP_L}$，$AVC = \dfrac{w}{AP_L}$，而合理投入区就是 $MP_L < AP_L$ 的那一段曲线，即 $MC > AVC$，这是停业点上的短期供给曲线。而在投入区的第 III 阶段，$MP_L < 0$，即 $MC < 0$，这意味着该阶段不可能是成本最小的，不满足成本函数的定义，因此不需要考虑。[②]

---

① 这种观点比较典型的可见马斯-克莱尔、温斯顿和格林（所谓 MWG），以及范里安的微观经济学教材。

② 若严格地说，短期成本函数定义为：$\min_L wL$ s. t. $f(L) \geqslant Q$，若 $MP_L < 0$ 则意味着上述定义的不等式约束不是束紧的，这些 L 肯定不在成本曲线上。或者说成本函数的定义已经排除了 $MP_L < 0$ 的情况。

第五章 不完全竞争市场

一、本章导学

第四章讨论了完全竞争条件下企业的利润最大化行为,并据此推导了完全竞争企业和完全竞争市场的产品供给曲线。本章则要分析不完全竞争(包括垄断、寡头和垄断竞争)环境中的类似问题。由于在不完全竞争的条件下,企业的产品供给函数不存在,故本章主要讨论这三类不完全竞争企业利润最大化产量和价格的决定过程,并就包括完全竞争市场在内的不同市场组织的经济效率进行比较。

之前曾说过,马歇尔在规模报酬问题上提出了一些权宜之计,但这些方法并没有得到所有经济学家的认同。部分经济学家面对资本主义走向垄断阶段的现实开始摆脱完全竞争理念的"桎梏",深入研究垄断问题。不完全竞争理论以 1926 年意大利经济学家彼罗·斯拉法在《竞争条件下的回报法则》中率先加以研究,他将企业在完全竞争市场作为"价格接受者"的设定改为垄断竞争市场上的价格制定者。到 1933 年,由美国经济学家爱德华·张伯伦(以下简称张伯伦,代表作《垄断竞争理论》,当时张伯伦和我国经济学家陈岱孙还是同学)和英国的琼·罗宾逊(代表作《不完全竞争经济学》)各自进行了体系化的阐述。本章中将要学习的向右下倾斜的需求曲线以及和平均成本曲线相切于最低点的左边,就是由琼·罗宾逊最先提出(她还特别研究了价格歧视问题)的,而弯折的需求曲线则是由张伯伦所提出,该模型主要以斯威齐模型为名,斯威齐指美国马克思主义经济学家保罗·斯威齐。

但是这些研究的观点与倡导资本主义自由竞争的主流研究思路不尽相符,故在很长一段时间内并不为西方主流经济学所接纳。所以到现在,尽管几经改造,这一理论已被吸收到当代西方经济学教学体系中,但若在学习中仍能感受到在某些问题上存在同完全竞争理论细微的不协调感，亦不足为怪。

例如，在当代主流西方经济学的标准解释下，垄断竞争企业仿佛只是完全竞争企业的一个发展，即垄断竞争企业是具有产品差异的完全竞争企业。一个完全竞争企业如果在发展过程中渐渐地形成了自己产品的差异性，就可以升格为垄断竞争企业；反之，一个垄断竞争企业如果在发展的过程中逐渐失去了自己产品的差异性，也会降格为完全竞争企业。

如果说在垄断和垄断竞争两种场合，其分析范式和完全竞争市场还略有接近之处的话，那么在寡头的学习中，则主要是以若干模型（古诺模型、斯塔克伯格模型等）为中心，针对性地解决问题。这是因为在寡头情况下，必须通过博弈论的方法，具体问题具体分析，没有一般性的答案。而我们熟悉的古诺模型、斯塔克伯格模型等，本质上都是博弈论（完全信息静态或动态博弈）在特殊设定下的表现形式。其中，古诺模型是为纪念19世纪初的法国数学家安东尼·古诺（以下简称古诺）的贡献而命名的。斯塔克伯格模型诞生于1934年，在古诺模型基础上加入了领导者—追随者的设定，以其发明者德国经济学家海因里希·斯塔克伯格命名。伯特兰模型诞生于19世纪80年代，将古诺模型的数量竞争改为价格竞争，以其发明者、对古诺模型提出批判的法国经济学家约瑟夫·伯特兰（以下简称伯特兰）命名。

最后应当认识到，在当今英美大学研究生的经济学教育中，以边际收益、边际成本、平均成本等概念为中心的利润最大化和长短期均衡分析范式已不是主要部分，而改为以博弈论和信息经济学为中心的教研体系。这大概是因为西方主流的微观经济学研究已转向企业行为、产业组织等问题。有学者认为，未来的一段时间西方大学的本科教育也会受其影响，会将更多的精力投向博弈论和信息经济学的讲解，淡化传统的市场均衡分析。因此，虽然在目前的教学中，博弈论尚不是重点，但从追踪世界前沿或为将来继续进修研究生做准备的角度，读者应当在学习过程中有意识地培养博弈论的思想。

当然，由于如今博弈论已经是一门非常独立且成熟的学科，本书便不再对相关知识进行解说，读者可以参阅专门的博弈论教材及辅导材料。

二、本章提纲梳理

章　　节		知 识 要 点	学习难点
第五章 不完全竞 争市场	第一节 垄断	◇ 垄断的四种类型 ◇ 垄断企业的需求曲线和收益曲线 ◇ 短期均衡和盈亏 ◇ 垄断企业的供给曲线 ◇ 长期均衡和盈亏 ◇ 长期均衡条件 ◇ 效率损失 ◇ 价格歧视的概念和形成条件 ◇ 三种价格歧视的典型例子 ◇ 三级价格歧视的定价法则	★ 求解较为复杂的价格歧视问题
	第二节 垄断竞争	◇ 垄断竞争的特点 ◇ 垄断竞争企业的需求曲线和收益曲线（两条） ◇ 垄断竞争企业的短期均衡条件 ◇ 垄断竞争企业的长期均衡条件	★ 两条需求和收益曲线的含义、作用及其和市场均衡的关系
	第三节 寡头	◇ 寡头的形成原因和寡头市场的特点 ◇ 古诺模型 ◇ 价格领袖模型 ◇ 斯威齐模型 ◇ 斯塔克伯格模型 ◇ 伯特兰模型 ◇ 卡特尔的概念和均衡 ◇ 卡特尔的不稳定性	★ 求解较为复杂情形下的寡头均衡
	第四节 博弈论和 策略行为	◇ 纳什均衡及其简单求解 ◇ 囚徒困境 ◇ 占优策略	—
	第五节 不同市场 的比较	◇ 各种市场结构均衡处的价格、成本、产量和利润的比较 ◇ 用动态视角看待不同市场结构	—
	第六节 本章评析	◇ 资本积累视角下垄断的形成原因 ◇ 潜在竞争者视角下的垄断分析	—

三、知识图谱和部分概念阐释

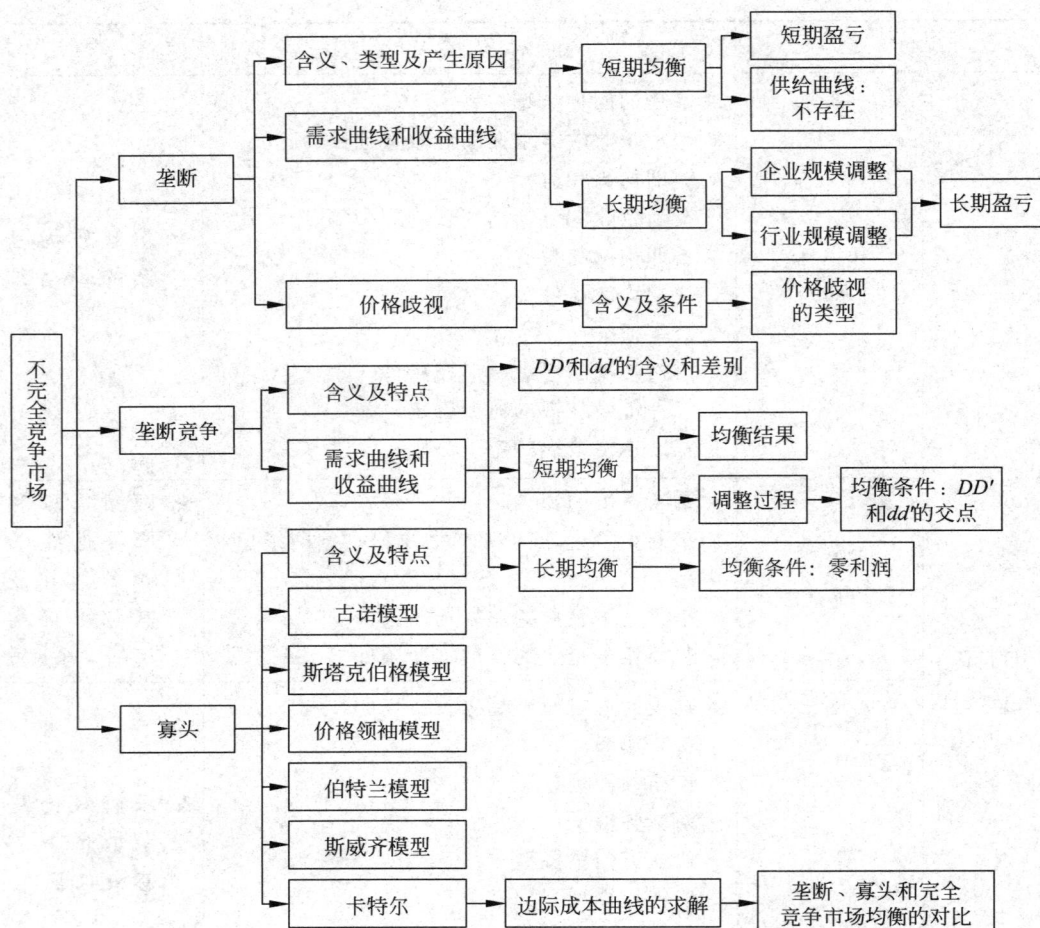

```
不完全竞争市场
├─ 垄断
│   ├─ 含义、类型及产生原因 ── 短期均衡 ── 短期盈亏
│   │                                    └── 供给曲线:不存在
│   ├─ 需求曲线和收益曲线 ── 长期均衡 ── 企业规模调整 ── 长期盈亏
│   │                                    └── 行业规模调整
│   └─ 价格歧视 ── 含义及条件 ── 价格歧视的类型
├─ 垄断竞争
│   ├─ 含义及特点 ── DD'和dd'的含义和差别
│   └─ 需求曲线和收益曲线 ── 短期均衡 ── 均衡结果
│                                      └── 调整过程 ── 均衡条件:DD'和dd'的交点
│                          └── 长期均衡 ── 均衡条件:零利润
└─ 寡头
    ├─ 含义及特点
    ├─ 古诺模型
    ├─ 斯塔克伯格模型
    ├─ 价格领袖模型
    ├─ 伯特兰模型
    ├─ 斯威齐模型
    └─ 卡特尔 ── 边际成本曲线的求解 ── 垄断、寡头和完全竞争市场均衡的对比
```

第五章的知识图谱

1. 垄断

垄断是指整个行业中只有唯一一个厂商的市场组织。在西方经济学中,垄断是指该企业是市场上唯一的生产者,故它的产品在市场上的占有率为 100%。经济理论上的垄断和一般生活用语、经济实践中的垄断概念并不完全一致。

2. 资源垄断

如果某种产品的生产必须要有某种关键性的资源,而这种关键性的资源又为某个企业所独有,那么由此产生的垄断就是资源垄断。

3. 特许垄断

政府利用行政或法律的强制手段,把生产某种产品的权利给予某个企业,而不允许其他企业涉足该行业,由此产生的垄断就是特许垄断。在当代社会中这种垄断通常是一些涉及公用事业的企业。

4. 专利垄断

专利垄断是指由某个企业拥有生产某种商品的专利权而产生的垄断。从专利授予的方面来看,专利垄断可以看作是一种特许垄断;而从专利的性质来看,它又可以看作是一种资源垄断。

5. 自然垄断

上述各垄断都具有一定的人为色彩,而自然垄断则源自企业发展中的规模效应:当经济规模扩大带来经济效率的提升时,市场最终会自然而然地确立一个垄断者,这种垄断就是自然垄断。自然垄断和规模经济之间的关系在之前谈论规模报酬、规模经济中已经有所涉及,关于自然垄断的更多性质可以参见本章的知识边界延伸。

6. 价格歧视

价格歧视是指将相同成本的一种产品以不同的价格来出售。当然在实践中,这个概念可以扩大为将性质和成本相近的产品以不同的价格来销售:如果两种产品的价格差异显著地不同于它们的成本差异,就可以说存在价格歧视。

7. 一级价格歧视

一级价格歧视又叫完全价格歧视,是指垄断企业对每一单位产品都按消费者所愿意支付或接受的最高价格出售。垄断者通过一级价格歧视夺走了全部的消费者剩余。但是,在西方经济学的理论下,一级价格歧视也可以让垄断市场实现经济效率,因为它将所有的消费者剩余都转化为生产者剩余,不存在任何福利损失。当然,一级价格歧视只是一种理论概念,不可能完全实现。

8. 二级价格歧视

二级价格歧视是指把全部产品分成若干"堆",对每一"堆"产品按消费者的边际意愿来支付。现实中表现为对同种商品的不同消费量制定不同的价格,即所谓的"数量折扣"。

9. 三级价格歧视

三级价格歧视是指针对具有不同需求价格弹性的消费群体,根据不同的需求价格弹性对各消费群体收取不同的价格。现实表现为,向对价格较敏感的群体收取较低的价格,而向对价格较不敏感的群体收取较高的价格。

10. 垄断竞争

垄断竞争是指一个行业中存在许多企业,每个企业所占的产品份额微不足道,而且它们所生产的产品有且仅有略微的差异,相互替代性极高。垄断竞争企业大致可以看作是产品具有略微差异的完全竞争企业。因此,垄断竞争企业可以像垄断企业那样对价格施加一定的影响,但在长期中仍无法获得超额利润。

11. dd'需求曲线

它是所分析的垄断竞争企业改变自身价格或产量,而其他企业不进行相同变化时面临的需求曲线。垄断竞争企业的收益曲线是由dd'需求曲线决定的。这是假设了垄断竞争企业决策,认为它的行为不会引起同行的反应。dd'需求曲线就是垄断竞争企业的平均收益曲线 AR。dd'需求曲线可以理解为是一种主观需求曲线。

12. DD'需求曲线

和dd'需求曲线相反,DD'需求曲线是其他企业同时和同等程度地改变产量和价格时,分析的垄断竞争企业所面临的需求曲线。相对dd'需求曲线,DD'需求曲线更加陡峭。在市场调整的过程中,实际上所有企业都会发生变动,因此垄断竞争企业"实际上"面临的需求曲线不是它主观上的dd'需求曲线,而是DD'需求曲线。最终的均衡,既要满足dd'需求曲线,也要满足DD'需求曲线,因此是二者的交点。

13. 寡头

寡头指少数几个大企业控制着全部或大部分产品的生产和销售。在实践中,寡头市场既可以由两个企业构成,也可以由多个企业构成。寡头和垄断竞争市场间均衡分析的区别在于,是否考虑企业之间的相互影响,即"博弈"行为。

14. 卡特尔

当若干个企业达成公开或正式的协议,试图控制整个市场的利润最大化产量和价格时,这些企业就是所谓的卡特尔。

四、基础练习

1. 选择题

(1) 在短期内,垄断厂商的决策原则是(　　　)。

　　A. $P = MC$　　　　　　　　　　B. $MR = MC$

　　C. $P = MR$　　　　　　　　　　D. $AR = MR$

（2）如果市场中一个垄断者的长期平均成本超过了市场价格,那么该企业会选择（　　）。

  A. 停留在这一营业水平上,尽管其固定成本没有得到补偿

  B. 歇业并整理资产

  C. 停留在这一营业水平上,因为它使资本得到一个正常的报酬

  D. 暂时停业

（3）在短期可能会令垄断企业选择停产的情况是（　　）。

  A. 平均可变成本曲线位于需求曲线上方

  B. 平均成本曲线位于需求曲线上方

  C. 边际成本曲线位于需求曲线上方

  D. 边际成本为负

（4）实行三级价格歧视的厂商,其利润最大化的条件是（　　）。

  A. $MC = MR_1 = MR_2$ B. $MC > MR_1 = MR_2$

  C. $MC < MR_1 = MR_2$ D. $P = MR_1 = MR_2$

（5）下列情景不属于价格歧视的是（　　）。

  A. 航空公司根据订票的早晚制定不同的票价

  B. 邮寄一个大包裹的要价高于邮寄一个小包裹

  C. 有的餐厅对有成年人陪同的儿童免收就餐费

  D. 杂志社对学生收取比一般公众更少的订阅费

（6）当完全垄断厂商的产品需求弹性等于1时,厂商的（　　）。

  A. 总收益最大   B. 总收益最小

  C. 总收益递增   D. 总收益递减

（7）某完全垄断厂商拥有线性的平均收益曲线和边际收益曲线,则其边际收益曲线的斜率为平均收益曲线斜率的（　　）倍。

  A. 1   B. 0.5

  C. 4   D. 2

（8）若政府对垄断厂商限价,同时保证其不退出市场,则其限价的最低价格应等于（　　）。

  A. 边际收益   B. 边际成本

  C. 平均成本   D. 平均可变成本

（9）假设某完全垄断厂商的产品需求价格弹性为2,边际成本为6元,则产品的市场价格为（　　）元。

　　　A. 8　　　　　　　　　　　　　　B. 10

　　　C. 12　　　　　　　　　　　　　D. 14

(10) 在垄断竞争市场上,影响厂商销售量的因素是(　　　)。

　　　A. 广告　　　　　　　　　　　　B. 价格

　　　C. 质量　　　　　　　　　　　　D. 以上都对

(11) 垄断竞争市场上厂商的短期均衡发生于(　　　)。

　　　A. 边际成本等于实际需求曲线中产生的边际收益时

　　　B. 平均成本下降时

　　　C. 主观需求曲线与实际需求曲线相交,且边际成本等于主观需求曲线中
　　　　　产生的边际收益时

　　　D. 主观需求曲线与平均成本曲线相切时

(12) 垄断竞争厂商长期均衡时必然有(　　　)。

　　　A. 价格大于长期平均成本

　　　B. 在均衡点上,主观需求曲线上的弹性大于实际需求曲线上的弹性

　　　C. 资源在广告中浪费

　　　D. 边际成本等于实际需求曲线中产生的边际收益

(13) 垄断竞争厂商实现最大利润的途径有(　　　)。

　　　A. 调整价格从而确定相应产量

　　　B. 品质竞争

　　　C. 广告竞争

　　　D. 以上途径都可用

(14) 与完全竞争市场相比,垄断竞争市场最显著的特征是(　　　)。

　　　A. 厂商间产品存在产品差异

　　　B. 市场竞争激烈

　　　C. 市场上有很多厂商

　　　D. 厂商能够自由进出

(15) 垄断竞争厂商的长期均衡点位于(　　　)。

　　　A. MC 曲线与需求曲线的切点

　　　B. MC 与 LAC 曲线的切点

　　　C. 需求曲线与 LAC 曲线的切点

　　　D. 需求曲线与 MR 曲线的切点

(16) 下列对于垄断竞争企业的短期情况的表述正确的是(　　　)。

A. 企业总是盈利的

B. 企业可能盈利，可能亏损，也可能既不盈利也不亏损

C. 企业不可能获得任何经济利润

D. 如果出现经济亏损，企业就会停止生产

（17）一个垄断竞争市场，在短期中新企业的进入将使得现有企业所面临的需求曲线（　　）。

A. 变成水平　　　　　　　　　　B. 变成垂直

C. 变得更加平坦　　　　　　　　D. 变得更加陡峭

（18）要得到古诺模型中的均衡，必须假定（　　）。

A. 该行业中只有两个厂商　　　　B. 两个厂商边际成本相等

C. 两个厂商有相同的反应函数　　D. 以上都不对

（19）在下面哪种情况下，处于寡头地位的厂商的总利润会最大化？（　　）

A. 寡头厂商最终选择生产纳什均衡产量

B. 寡头厂商最终选择生产垄断时的产量

C. 寡头厂商最终选择生产完全竞争时的产量

D. 寡头厂商最终选择生产垄断竞争时的产量

（20）古诺均衡和完全竞争均衡相比，以下说法正确的是（　　）。

A. 古诺均衡中每个企业的产量和利润都较高

B. 完全竞争均衡中每个企业的产量和利润都较高

C. 完全竞争均衡中每个企业的利润较高而产量较低

D. 古诺均衡中每个企业的利润较高而产量较低

（21）根据斯塔克伯格模型，两个生产相同产品且成本相同的寡头厂商（　　）。

A. 先决策的厂商获利更多　　　　B. 后决策的厂商获利更多

C. 获利相等　　　　　　　　　　D. 不能确定哪个厂商获利更多

（22）对于生产相同产品的厂商来说，以下哪个模型的结论与竞争模型的结论相同？（　　）

A. 古诺模型　　　　　　　　　　B. 斯塔克伯格模型

C. 伯特兰模型　　　　　　　　　D. 斯威齐模型

（23）下面能够恰当地解释成本上升时，产品价格也许没有变化的原因的模型是（　　）。

A. 古诺模型　　　　　　　　　　B. 价格领袖模型

C. 伯特兰模型　　　　　　　　　D. 斯威齐模型

(24) 拐折需求曲线模型中拐点左右两边需求弹性的情况是(　　)。

　　A. 左边弹性大,右边弹性小　　　　B. 左边弹性小,右边弹性大

　　C. 左右两边弹性一样大　　　　　　D. 以上都不对

(25) 一个卡特尔要使利润最大,必须满足(　　)。

　　A. 使每个厂商的边际成本等于行业的边际收益

　　B. 给每个厂商平均分配产量定额

　　C. 给每个厂商平均分配利润

　　D. 以上都对

(26) 价格领袖模型中,领导厂商首先让小厂商出售合意的产量,对此以下说法正确的是(　　)。

　　A. 领导厂商体量大、决策慢,因此更灵活的小厂商能先确定产量

　　B. 领导厂商具有行业责任感,因此让小厂商先确定产量

　　C. 这是领导厂商考虑自身利润最大化下的理性决策

　　D. 以上几种情况都有可能

(27) 勾结最有可能是在以下哪种情况下发生的?(　　)

　　A. 同一个行业中有充分多的企业

　　B. 企业数量较少,且彼此之间已有且未来还有很长一段时间需要互相联系

　　C. 企业间彼此不了解

　　D. 不同企业的产品具有明显的差异

(28) 在垄断竞争市场长期均衡时,超额利润会等于零,这是由于(　　)。

　　A. 厂商进入/退出该行业很容易

　　B. 产品存在差异

　　C. 企业之间具有很强的竞争

　　D. 企业进行利润最大化的决策

2. 计算题

(1) 垄断厂商的总收益函数为 $TR=100Q-Q^2$,总成本为 $TC=100+6Q$,垄断产量为 50,此时垄断厂商是否得到了最大利润? 如果没有,垄断厂商应该如何做?

(2) 已知某垄断厂商的反需求函数为 $P=10-Q+A^2$,成本函数为 $TC=Q^2+2Q+A$,其中 A 表示厂商的广告支出。试求:

　① 该厂商实现利润最大化时 Q、P 和 A 的值;

　② 请根据问题①思考,垄断厂商为何会做广告?并将其和完全竞争厂商相

对比。

(3) 已知某垄断厂商拥有两个工厂,产品在两个分割的市场上出售(加工工厂和销售地无关,可以任意配置两个工厂的产量),该厂商的成本函数为 $TC = Q^2 + 40Q$,两个市场的需求函数分别为 $Q_1 = 12 - 0.1P_1$,$Q_2 = 20 - 0.4P_2$。求:

① 当该厂商实行三级价格歧视时,在追求利润最大化的前提下两个市场各自的销售量、价格以及厂商的总利润;

② 当该厂商在两个市场实行统一的价格时,追求利润最大化前提下的销售量、价格以及厂商的总利润。

(4) 某垄断竞争市场上代表性厂商的长期成本函数为 $LTC = 0.001Q^3 - 0.05Q^2 + 10Q$,若市场需求曲线满足 $P = 80A - 0.1Q$,试求长期均衡时代表性厂商的产量以及市场的价格。

(5) 已知某垄断竞争厂商的长期成本函数为 $LTC = Q^3 - 2Q^2 + 10Q$;在该市场中,所有厂商都按相同的比例调整价格,每个厂商的需求曲线都为 $P = 100 - Q$。试回答:

① 可以用上述需求曲线求解该厂商的边际收益,从而确定最优产量吗?为什么?

② 求该厂商长期均衡时的产量与价格。

③ 求该厂商长期均衡时主观需求曲线上的需求的价格点弹性。[提示:利用公式 $MR = P\left(1 - \dfrac{1}{e_d}\right) = LMC$]

④ 如果该厂商的主观需求曲线是线性的,推导该厂商长期均衡时的主观需求函数。

(6) 假设双头市场上厂商的行为遵循古诺模型,成本函数分别为 $TC_1 = 0.1q_1^2 + 20q_1 + 100$,$TC_2 = 0.4q_2^2 + 32q_2 + 200$。若市场需求函数为 $Q = 40 - 10P$,试求:

① 该寡头市场的古诺均衡;

② 若双方愿意联合建立一个利润平分的卡特尔,则该卡特尔的产量和定价应该是多少?利润应当如何分配(即一方要给另一方多少利润)?双方有动机建立这个卡特尔吗?

(7) 若某垄断者的产品需求曲线为 $P = 16 - Q$,试解答以下问题:

① 如果该垄断者实行一级价格歧视,则垄断者的收益为多少?其占有的消费者剩余为多少?

② 如果该垄断者实行二级价格歧视,对前 4 单位的产品定价为 12 元,对后 4 单位的产品定价为 8 元,则该垄断者占有的消费者剩余为多少?

(8) 某公司面对以下两段需求曲线：当产量 Q 满足 $0 < Q \leqslant 10$ 时，$P = 15 - 0.25Q$；当产量 $Q > 10$ 时，$P = 17.5 - 0.5Q$。另外设公司总成本函数为 $\mathrm{TC} = 100 + 10Q + 0.5Q^2$。试回答：

① 该公司所属行业的市场结构是什么类型？

② 公司的最优价格和产量分别是多少？

(9) 假设某市场的需求函数为 $P = 100 - 2Q$，代表性厂商的成本函数为 $C(Q) = Q$。试回答：

① 当该市场由一个产量领导者和一个跟随者构成时，两个厂商的产量和市场价格分别是多少？

② 当市场上由一个价格领导者和一个跟随者构成时，设跟随厂商的成本函数为 $C(Q) = Q + 4Q^2$。那么，该寡头市场的均衡价格是多少？双方的产量和利润分别是多少？

五、进阶练习

1. 选择题

(1) 一个能够在两个市场实行差别定价的垄断者将会(　　　)。

    A. 通过商品价格和销售量使两个市场上的需求价格弹性相同

    B. 在需求曲线更具有弹性的市场定更高的价格

    C. 在需求曲线更具有弹性的市场定更低的价格

    D. 在需求曲线越高的市场出售越多的商品

(2) 设某垄断市场的需求曲线是向右下方倾斜的，垄断企业的边际成本为正，若该垄断企业目前已处于利润最大化处，此时若其进一步降低价格，则以下说法错误的是(　　　)。

    A. 企业总利润将下降

    B. 企业总收入将下降

    C. 企业总成本将上升

    D. 企业总收入将上升

(3) 某垄断市场的需求函数为 $Q = 25 - \dfrac{P}{2}$，产品的成本函数为 $C(Q) = 16Q + 5$。如果垄断企业能够实施一级价格歧视，那么其利润将是(　　　)。

    A. 289　　　　　　　　　　　　　　　　B. 139.5

C. 56.25　　　　　　　　　　　　　　D. 无法确定

(4) 在古诺竞争中,如果一个企业增加产量,那么另一个企业的需求曲线会(　　)。

A. 向上平移　　　　　　　　　　　B. 向下平移

C. 保持不变　　　　　　　　　　　D. 无法确定

(5) 以下有关卡特尔的说法中不正确的是(　　)。

A. 卡特尔的厂商存在着违约的冲动,除非存在着有约束力的协定,否则会有厂商私自增加自己的产量

B. 卡特尔的产量与同等成本的古诺均衡产量相比较小,而价格较高

C. 卡特尔永远不会是一个纳什均衡

D. 在一定条件下,卡特尔也可以是一个纳什均衡

(6) 一个垄断者的平均成本函数随着产量增加而递减,如果该垄断者被管制者要求将价格调整为等于平均成本,以下说法正确的是(　　)。

A. 从企业利润的角度看,生产量过高

B. 从企业利润的角度看,生产量最优

C. 从社会效率的角度看,生产量最优

D. 从社会效率的角度看,生产量过低

(7) 某垄断企业在均衡处的边际收益为 20,需求价格弹性为 -2。若该企业采取边际成本加成定价,则均衡垄断价格水平为(　　)。

A. 0　　　　　　　　　　　　　　　B. 20

C. 40　　　　　　　　　　　　　　D. 无法确定

(8) 假设一个垄断企业发现一个收入为 M 的消费者对其生产的产品的反需求函数为 $p=0.1M-q$,假设该垄断企业可以观测到每一个消费者的收入,从而根据消费者收入对他们实施价格歧视,该垄断企业的生产函数为 $C(q)=10q$。那么该企业向收入为 M 的消费者设置的价格函数应该为(　　)。

A. $p=0.05M+5$　　　　　　　　　B. $p=0.05M-5$

C. $p=0.1M+10$　　　　　　　　　D. $p=0.1M-10$

(9) 某垄断者实施一级价格歧视,下列说法中不正确的是(　　)。

A. 垄断者的产量与完全竞争市场的均衡产量一样

B. 此时生产者剩余等于完全竞争市场中的生产者剩余和消费者剩余之和

C. 与完全竞争市场相比较,垄断者的这一行为会导致社会福利的损失

D. 垄断者清楚地知道消费者对每一单位商品所愿意支付的最高价格

2. 计算题

(1) 已知生产相同商品的各厂商的成本函数都是 $C(q_i)=4+2q_i$，q_i 表示各厂商的产量，市场需求为 $Q=12-p$。试回答：

① 若各厂商展开竞争形成垄断竞争市场，则市场均衡价格是多少？在这个垄断竞争市场上，最终将存在几个厂商？

② 若存活下来的厂商最终进入寡头状态，并实行古诺竞争，则市场均衡、产量和利润分别是多少？

③ 在问题①的基础上，若政府向垄断竞争市场厂商的每个产品征收 1 元税时，市场均衡价格是多少？最终可能存在几个厂商？

(2) 已知市场上有 n 家成本一样的厂商，每个厂商长期总成本函数为：$LTC=\frac{1}{3}q^3-q^2+6q$，整个市场需求曲线为 $Q=20-2p$，试求：

① 若市场为垄断竞争市场，且每个厂商平分市场总需求，请问当 n 等于 4 时，市场是否处于长期均衡？为什么？

② 如果市场为完全竞争市场，那么长期均衡时，市场上厂商的数量 n 是多少？

(3) 假设某垄断竞争市场由 n 个厂商组成，每个厂商 i 的总成本函数相同，均为 $TC_i=9+4q_i$，假设在向均衡价格调整的过程中，厂商 i 面临的需求曲线满足 $q_i=-0.01(n-1)p_i+0.01\sum_{i\neq j}p_j+\frac{303}{n}$。试回答以下问题：

① 写出厂商 i 的边际收益和边际成本函数；

② 假设均衡处所有厂商的价格都相等，请写出均衡价格 p、边际成本和厂商数量 n 之间的关系；

③ 若上述均衡是该垄断竞争厂商的长期均衡，则此时厂商的数量是多少？均衡价格是多少？

(4) 请完成以下各题：

① 请证明：对于有 n 家厂商的古诺模型来说，第 i 家厂商的利润最大化条件为

$$p\left(1-\frac{s_i}{\varepsilon}\right)=MC_i$$

其中 $s_i=\frac{q_i}{\sum q_i}$，即该厂商产出占社会总产出的份额，ε 为市场需求曲线的价格弹性；

② 请证明：若 n 家厂商是完全相同的，则均衡处市场需求曲线的价格弹性必然大于 $\frac{1}{n}$；

③ 若 n 家厂商是完全相同的,古诺均衡是什么? 为什么说当厂商数量趋于无穷大时这个古诺均衡等价于完全竞争市场均衡。

第五章习题答案

六、经济思维和案例课堂

(1) 团购价是一种价格歧视吗?

通常来说,人们认为团购是一种三级价格歧视,即通过对价格敏感程度不同的人进行区分,对价格较敏感的消费者按团购价出售,而对价格较不敏感的消费者则按原价出售。传统上确实如此,早期团购一词意味着消费者在实质意义上组织在一起进行购买以获得较低的销售单价。

不过在进入数字经济的今天,团购已经成为一项围绕流量展开的常规销售策略,可能同时包含多重目的。其一,团购价可能是商家为了推广商品而定的宣传价,这种定价并不包含区分消费者的因素,主要是一种低价宣传、吸引潜在顾客的手段。其二,团购价也可能是商家在短期内回收可变资本的手段,如某商品必须按原价出售才能保证不亏本(回收固定成本),但在短期内,商家可以暂时按照可变资本制定一个能获得生产者剩余(但无法回收固定成本)的价格,以临时获得流动资金,同时也起到宣传的作用。其三,在团购价的背后,往往还伴随着捆绑销售、两部收费等定价策略,已非标准意义上的三级价格歧视。还有,对于某些商家来说,团购价和原价长期并行存在,可能还包括充分利用消费者心理的因素。

总之,在今天,绝大多数定价策略都是多维度的、巧妙的,我们在学习和研究的过程中要全面地看待。

(2) 阅读以下材料。[1]

自 20 世纪 90 年代以来,我国零售业发生了巨大变革,一批大型零售超市迅速发展,不仅导致零售业竞争格局的重构,而且导致生产商与零售商在产业链纵向关系中主导地位的置换。过去,相对于零售商来说,生产商拥有相当强的垄断势力和谈判能力,但如今下游零售商已逐渐成为产业链中的主导企业,其集中表现之一是大多数零售商采用了要求生产商交纳通道费的策略。

通道费是拥有垄断势力的零售商对生产商实施的一种常见的纵向约束手段。它是指生产商为使自己的产品进入连锁超市而事先一次性支付给连锁超市,或由连锁超市在销售货款中扣除的费用。据报道,在一家企业与某商场签署的协议中,这家企

---

① 张赞,郁义鸿.零售商垄断势力、通道费与经济规制.财贸经济,2006,3.

业为使其产品进入该商场,需要交纳包括特色促销活动、店内旺销位置优先进入权、进入商店的特权等六大门类的通道费,达到该企业在卖场所实现销售额的 36% 左右。国内连锁超市纷纷效仿而无形中成了业内的行规。

早在 20 世纪 80 年代,通道费就已经在西方发达国家兴起,并成为西方国家反垄断的司法实践所关注的焦点之一。

基于零售商垄断势力的纵向市场结构大体有三种类型:一是双边垄断结构;二是上游生产商完全竞争,下游零售商既有买方垄断势力又有卖方垄断势力;三是下游零售商具有买方垄断势力但没有卖方垄断势力。现实中,零售业市场与其他一些市场不同,产品的高度同质化导致低价策略成为零售超市发展的必然选择,因此,许多大型零售超市都打出"天天低价"的标牌,并不断推出各种促销活动。同时,大型零售超市在零售市场拥有相对较强的垄断势力,从而在与生产商的谈判中拥有较强的讨价还价能力,"通道费"就是其实施纵向约束来行使其买方垄断势力的最常见形式之一。因此,第三种纵向市场结构类型更接近现实。

根据以上材料,通道费产生的原因和前提条件是什么? 现实中零售商的意义是什么? 在什么意义上通道费可以理解成一种租金? 在现实中,通道费的存在有什么正面意义,又有什么负面影响?

(3) 足球比赛中的博弈。

有这么一个有名的博弈案例[①]。在足球比赛的点球中,守门员和球员之间面临一个博弈:往球门左边踢还是往右边踢? 大家可能会有疑问,难道不是球踢出来之后,守门员去扑这个球吗? 这种纯粹的技巧和身体的对抗怎么会是一场博弈呢? 事实上,由于在高水平比赛的点球对抗中,守门员多数情况下不可能在球踢出来后再做出反应,因此这基本上可以粗略地看作是一次类似石头剪刀布的静态博弈。

有人研究了欧洲足球比赛 5 年间的 1417 个点球,将点球收益做成了博弈矩阵,如表 5-1 所示。

表 5-1　点球收益做成的博弈矩阵

球　员	守　门　员	
	左	右
左	58.30	94.97
右	92.92	69.92

---

① 神取道宏.微观经济学的力量.陈雅静,刘鑫,李慧玲,等,译.杭州:浙江大学出版社,2024:354.

　　这意味着，当守门员猜错时，大概率要进球，而当守门员猜对时，仍有六成左右的概率要进球。

　　那么，基于这样的博弈矩阵，球员和守门员各自应当怎么办呢？假设守门员要以 p 的概率扑左边，$1-p$ 的概率扑右边；球员以 q 的概率扑左边，$1-q$ 的概率扑右边，那么根据博弈论的知识，我们可以求出表 5-2 所示的理论值。

表 5-2　点球比赛中的博弈

参　　　　数	守　门　员		球　　员	
	左(p)	右($1-p$)	左(q)	右($1-q$)
纳什均衡理论值	41.99	58.01	38.54	61.46
实际频率	42.31	57.69	39.98	60.02

　　可见，博弈论在这个问题上的表现不错。

　　最后，熟悉足球运动的读者可以考虑一下：足球运动中的什么因素导致了在这个博弈中，左和右并不是对称的（即不是像剪刀石头布那样，三种行动是完全对称的）？

七、知识边界延伸

　　（1）博弈论和不完全竞争理论的关系。

　　除完全垄断这一非常特殊情况外，本质上，不完全竞争理论及其结论都可以用博弈论进行表达。对于本专科生来说，应当认识到古诺模型、斯塔克伯格模型等寡头模型都是一种博弈模型。古诺模型是完全信息静态博弈，古诺均衡是一个纳什均衡；而斯塔克伯格模型是完全信息动态博弈，斯塔克伯格均衡是一个子博弈精炼纳什均衡，我们也可以试着将伯特兰模型、斯威齐模型等用博弈论的方法进行理解。在这基础之上，我们要认识到垄断竞争模型和古诺模型之间的关系，以及和纳什均衡之间的关系，尤其是要从博弈论的角度重新理解垄断竞争问题，关于这一点将在后面给出一个简化的解释[①]。

　　因此，不完全竞争市场不是帕累托最优的这一结论，可以用一个一般性的表达来理解，即博弈论下的纳什均衡一般都不是帕累托最优的。其中的根本原因就在于不完全竞争条件下，市场参与者之间存在着策略外部性，即一个经济主体的行为会影响

---

　　①　关于博弈论和传统的不完全竞争模型之间关系的详细讲解，一个较好的参考资料是：安德鲁·马斯-克莱尔，迈克尔·D. 温斯顿，杰里·R. 格林. 微观经济理论（上册）. 曹乾，译，北京：中国人民大学出版社，2024.

另一个经济主体的福利(即效用或利润)。

(2) 加价原理。

在教科书中,垄断和垄断竞争企业的定价原则是,由 $p = MC$ 为前提确定最优产量 q^*,再根据 q^* 代入需求曲线,可得相应的最优定价 p^*;而寡头企业则完全是由博弈模型所解释的。但是,现实中的企业(尤其是大企业)是怎么进行定价决策的呢?一种最常见的定价方法就是"加价原理"。"加价原理"最早由张伯伦所论述,今天仍为一些非主流西方经济学家所使用。所谓"加价原理"是指企业在主要费用的基础上追加一定比例作为利润,由此确定商品售价。但这个"加价"到底是多少,则由企业垄断力量、行业竞争程度等很多因素决定。教科书中介绍的垄断企业的定价原则 $p = \dfrac{1}{1-\dfrac{1}{\varepsilon}}MC$,可视作加价原理的一种具体化,其中 $\dfrac{1}{1-\dfrac{1}{\varepsilon}}$ 反映了在边际成本上加价的比率,它取决于需求弹性 ε。

(3) 勒纳指数。

美国经济学家阿巴·勒纳(Abba Lerner)于 1934 年提出,可以用 $L = \dfrac{p - MC}{p}$ 来衡量一个企业的垄断力量的强弱。根据上文谈到的加价原则可知,$L = \dfrac{1}{\varepsilon}$,这意味着企业在边际成本外的加价比率和垄断力量本质上是一回事。弹性越小,垄断力量越强,加价程度越大。值得强调的是,ε 是企业需求曲线的弹性,不是市场需求曲线的弹性。

勒纳指数一般都大于 0、小于 1。

(4) 为什么说追求最大利润的垄断厂商不会在其需求曲线的价格弹性小于 1 的部分进行生产?

这是一个数学结论。因为垄断厂商的边际收益 $MR = p \cdot \left(1 - \dfrac{1}{\varepsilon}\right)$,追求利润最大化的垄断厂商要根据 $MC = MR$ 来决定产量和价格,所以 $MC = p \cdot \left(1 - \dfrac{1}{\varepsilon}\right)$,当 $\varepsilon < 1$ 时,意味着 p 和 MC 必有一项为负数,不符合现实情况,因此追求最大利润的垄断厂商不会在其需求曲线的价格弹性小于 1 的部分进行生产。这和勒纳指数大多数大于 0、小于 1 的结论是一回事。

(5) 对垄断厂商征税的效应。

一般谈到对市场征税时,人们关注的更多是根据需求曲线的不同,税收会根据不同比例转嫁给消费者,但价格上升的幅度不会超过征税的幅度。不过,垄断市场的情况略有不同,根据垄断厂商的定价公式 $p = \dfrac{1}{1-\dfrac{1}{\varepsilon}}\mathrm{MC}$ 可知,给定需求弹性,当边际成

本 MC 上升时,价格 p 也会随之成比例地上涨。上涨比例取决于 $\dfrac{1}{1-\dfrac{1}{\varepsilon}}$ 的大小,由于

$\varepsilon > 1$,因此价格上涨的幅度会大于边际成本上涨的幅度。这意味着,对垄断厂商征税,价格上涨的幅度会大于征税的幅度,这一点和完全竞争市场是不同的。

（6）关于自然垄断的一点补充。

关于垄断,读者在学习过程中往往会忽略,而老师在授课时也大多不会专门强调的一个问题是,在各个垄断形式中,自然垄断的成本和需求曲线是否具有什么特殊性?

答案是有的。首先应当认识到,自然垄断出现时,当平均成本曲线仍处于下降过程时,需求已被全部吸收。因此自然垄断有两个识别标志:一是固定成本非常高,而边际成本非常低,这意味着随着产量增加,平均成本会不断下降;二是平均成本曲线仍处于下降过程时,需求已被全部吸收。这就意味着试图通过竞争来消除垄断是不现实的,因为生产规模小于现有企业时,进入该行业的企业不可能与原有企业进行竞争。就算进行竞争,也会花费大量的固定成本,并出现生产能力过剩。

总之,自然垄断能够极大降低固定成本,使潜在竞争者无力进入该行业;同时,保持垄断地位对垄断者也有好处（好过默许竞争者进入市场构成寡头）。则自然垄断下的需求和成本曲线满足图 5-1 的特征。

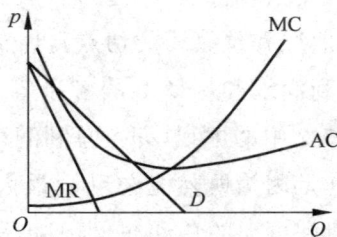

图 5-1 需求和成本曲线

其一,边际成本与需求曲线的交点位于平均成本下降的阶段（这意味着无论对企业还是社会来说,缩减企业规模意味着更高的成本）;其二,边际成本和边际收益相等所确定的市场价格要高于平均成本（这意味着垄断企业能获得超额利润）。一般的

垄断情形并没有这两点要求。

读者应当记住图 5-1,并同一般的垄断情形加以比较,强化认识。

(7) 对古诺模型图形的一点细节补充。

古诺模型的图形(见图 5-2)已经为读者所熟知,但这里有一个容易被忽视的细节需要专门强调一下。

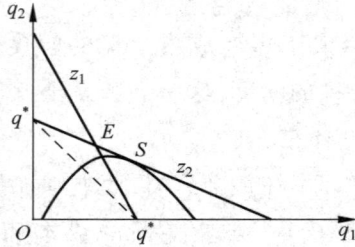

图 5-2 古诺模型的图形

在图 5-2 中,一般教材都十分强调两条反应曲线(z_1, z_2)及均衡点(E),但也应当认识到,反应曲线与数轴的交点 q^*,正是垄断场合下(另一家企业产量为零)的最优产量。在这两个交点连线(图 5-2 中的虚线)上,产量之和就是垄断场合下的最优产量,也就是说,卡特尔的产量分配总是在这虚线之上。当然同样意味着,在解题中,在已知反应函数的情况下要求垄断场合的情况时是不需要从头算起的,只需令某一方的产量为零即可。

这里可以指出,斯塔克伯格均衡位于图 5-2 的 S 点处,而穿过它的曲线就是厂商 1 的等利润线。这里的等利润线就是根据 $\pi_1 = pq_1 - C(q_1)$ 所绘制的曲线。这个等利润线和无差异曲线一样有无穷多条,而 S 意味着在厂商 2 的反应曲线上,厂商 1 所能达到的最大利润(类似无差异曲线和预算线的切点),这正是斯塔克伯格模型的含义。

还可以指出,厂商 1 的等利润线和厂商 2 的各条等利润线(为了图示清晰,未在图 5-2 中标出)必然相切于图 5-2 中的虚线,即令总利润最大(也即垄断)的产量连线,或者说虚线是切点的连线。这是因为既然是总利润最大化了,两个等利润线必然相切,否则通过调整位置,必能达到更大的总利润(类似帕累托改进)。

(8) 古诺和伯特兰之争——谁才是正确的?

法国经济学家约瑟夫·伯特兰和古诺一样(伯特兰比古诺小 21 岁)是一名数学家,经济学研究只是一项业余爱好。但是伯特兰既不喜欢古诺,也不喜欢瓦尔拉斯,他并不认为用数学研究经济学是一种正确的方法。他在 1883 年的论文中提出伯特兰模型以反驳古诺模型。

从今天的角度来看,在伯特兰和古诺之间,并不能说谁是正确的、谁是错误的。寡头模型重在具体问题具体分析,有的场合伯特兰模型更接近现实一点,而有的场合古诺模型更接近现实一点,不能一概而论。

事实上,当约翰·纳什在1950年发明博弈论之后,伯特兰和古诺之间的争论应算告一段落了。因为本质上二者只是特殊的、行为规则不一样的博弈模型罢了。在博弈论的视角下,伯特兰模型和古诺模型的解都是纳什均衡(伯特兰模型描述的纳什均衡等价于完全竞争均衡)。于是在今天,研究者们更喜欢从博弈论的角度来研究微观经济学问题。

(9)关于垄断竞争和古诺竞争模型之间的一些对比。

我们考虑一个包含两个厂商的市场。设市场反需求曲线为$p=a-b(q_1+q_2)$,两个企业均没有边际成本。先说大家比较熟悉的古诺模型。若双方展开古诺博弈,那么古诺模型下企业1的需求曲线为$q_1=\dfrac{a-p}{b}-q_2$,它的反应函数为$q_1=\dfrac{1}{2}\left(\dfrac{a}{b}-q_2\right)$,于是最终均衡为$q_1^*=q_2^*=\dfrac{a}{3b}$,总产量为$\dfrac{2a}{3b}$。

而若假设双方展开垄断竞争(注意,在垄断竞争下即假设厂商在决定自己行为决策时,认为不会影响或者说不考虑对方的决策,这一点其实和古诺模型是一致的),则企业1的需求曲线仍为$q_1=\dfrac{a-p}{b}-q_2$(这条就是反映事前决策的dd'需求曲线),其利润最大化决策仍然是$\max\limits_{q_1}[a-b(q_1+q_2)]q_1$(将$q_2$视作不变),其求出的"反应函数"也仍然是$q_1=\dfrac{1}{2}\left(\dfrac{a}{b}-q_2\right)$。

垄断竞争模型需要进一步假设同质性,即最终均衡处所有厂商都按照相同的方式采取行动,即有$q_1^*=q_2^*$,从而$q_1^*=\dfrac{a-p}{2b}$(这条就是反映事后结果的DD'需求曲线)。根据这样的同质性假设,垄断竞争"反应函数"最终计算的结果也是$q_1^*=q_2^*=\dfrac{a}{3b}$。可见,垄断竞争和同质性寡头的古诺模型只是表述不同,在结果上没有区别。

二者最大的区别在于垄断竞争模型要求在长期中每个企业都获得零利润,这是通过调整厂商数量决定的。这也意味着n个厂商的垄断竞争模型等价于n个同质性寡头且最终获得零利润条件下的古诺模型。

(10)为什么今天的一些教科书中不再讨论DD'需求曲线和dd'需求曲线了?

不同的作者可能有不同的考量,其中一个原因可能是,这个分析方法和完全竞争等其他部分的分析非常不同,很多读者很难理解,效果也不是很好。不仅如此,这个模型对后续研究也没有什么特别大的价值。正如上文所说,它本质上等同于一种特殊的古诺模型,或者更一般地说,它是博弈问题的一个特例。

现在看来,对于本专科生来说,它确实过于复杂,不够清晰而且也没有得出具有特别意义的结论。事实上,很多学生在学习中也有这样的疑问:我们虽然知道均衡必须是 DD' 需求曲线和 dd' 需求曲线的交点,但是我们除了专门为此设计一个题目之外,这个结论好像从未在实际计算或分析中应用过。

(11) 寡头竞争的空间因素。

无论是古诺、斯塔克伯格还是伯特兰等模型,其都没有考虑空间或地理因素对商家之间的博弈所产生的影响。实际上,1929 年霍特林在《竞争的稳定性》一文中就曾讨论了空间维度在垄断问题中发挥的作用。霍特林认为,厂商与消费者之间在空间上的紧密联系将为企业带来独到的竞争优势。一个现实的例子是,一个街头的便利店尽管在价格、品质和数量上均没有任何特殊性,只是完全竞争市场中的一员,但由于地理空间因素,它在周边的一小块区域内事实上形成了一定的垄断势力,构成一个局部的寡头甚至是垄断市场。这个模型被叫作霍特林模型,被视作博弈模型的一个例子。由于空间因素永远存在,后人基于霍特林的这个理论对理想化的完全竞争——一般均衡理论进行了批评。

(12) 19 世纪的价格歧视。

在理论上认清价格歧视之前,人们就已经在实践上熟练地应用它了。活跃在19 世纪上半叶的法国工程师和经济学家朱尔斯·杜普特曾写过这样一段话:

并不是由于为三级车厢加一个顶棚,或者装饰三级车厢的座位需要几百法郎,几家铁路运输公司才推出木制座位的敞篷车厢。……它们的目的是要阻止能够支付二级车厢票价的乘客乘坐三级车厢;这会刺激到穷人,但铁路运输公司并不想蓄意伤害他们,它们只是想恐吓富人。……再次地,基于相同的原因,已被证明对三级车厢乘客非常残酷,对二级车厢乘客也相当残忍的铁路运输公司,对一级车厢的乘客却非常慷慨。在拒绝穷人的基本需求的同时,它们却给予了富人过多的满足。[①]

(13) 为什么在餐厅中常常看到单品的价格(之和)高于套餐的价格?

这是因为当商品以套餐形式售卖的时候,商品的成本将一方面由于商品的流通变快而降低(例如在一天内商品销售的增大);另一方面,套餐还将大大减少商品选

① 转引自:哈尔·R.范里安.微观经济学现代观点.费方域,朱保华,等,译.上海:格致出版社,上海三联书店,上海人民出版社,2015:332.本文使用的"朱尔斯·杜普特"即指该书中提到的埃米尔·迪皮。杜普特是其名字按照英文发音的译法,但这一叫法已成为我国经济学界的惯例。

择的随机性从而进一步减少成本,并且成本将比价格降低的速度更快从而使得利润反而更高。除此以外,这样制定价格也能稍微利用消费心理,起到促销作用。

(14) 跨期价格歧视、高峰定价和锁定效应。

跨期价格歧视是指通过对需求不同的消费者进行分组,对同一种商品在不同的时间收取不同的价格。例如,对于电影、书籍、电子产品等,商家往往在第一轮定价较高,之后再降低价格。

高峰定价是指在消费高峰期,如果产能约束使边际成本大幅增加,企业就会制定较高的价格。从定义上讲,高峰定价不属于价格歧视,这是因为高峰定价的目的是通过改变价格以适应边际成本的变化。但在实践中,高峰定价策略可能同时具有多重目的:一方面确实是因为边际成本的变化;另一方面则包含着跨期价格歧视的因素。因为很多商品的消费高峰期(如旅游旺季)恰恰包含了需求弹性变动的因素。

在数字信息时代,价格歧视的产生还有一个重要的来源,即锁定效应。所谓的锁定效应是指产品或服务的更换需要付出一个极大的代价(或者说转换成本)。因此,用户一旦选用了某一产品或服务就不会轻易地更换,相当于被锁定在一个固定的消费路径上。这就表现为用户黏性。因此,锁定效应的存在使得厂商在出售产品之前倾向于低价出售,出售之后则凭此对消费者收取高价;或者对潜在的新用户收取低价,对具有相当黏性的老用户收取高价。

(15) 数字经济时代的长尾效应。

在过去,由于销售方式和技术等条件的限制,商家的生产和销售范围有限,只能将有限的资源投在最热门的产品上。用经济学的话讲就是只能在一条需求曲线上确定最优的一个产量和一个价格。这种生产和销售方式无疑将放弃很多边际外的细小需求。例如,一般水果店只会选择售卖销量最大的几种常见水果,消费者很难买到小众产品。但是,从总量上看,这些边际外的需求仍然是很大的,用数学语言来说,就是边际外的需求曲线虽然高度很低,但积分的总面积是很大的。这被叫作长尾效应。拿短视频举例,全社会都关注的热点短视频收看量肯定巨大,但排名在千位以外的短视频收看量并不是零,甚至排名在万位或十万位的短视频,仍有些许的观看量。把这些几乎找不到的短视频汇总起来,也是一个巨大的市场。尤其是这些短视频中的一部分之所以观看量少,并不是制作水平低,而是主要面向专业的细分市场。

在数字技术的支持下,商家开始把注意力转向需求的尾端,即关注更小众、更个性化的需求。一个常见的实现方式就是利用互联网平台和大数据推送,互联网平台几乎为零的边际成本以及精准的用户识别,使得生产和销售小众商品成为可能。但是,如何为这些小众商品定价,如何协调规模和经济之间的矛盾,仍是值得进一步研究的问题。

（16）两部收费制和捆绑销售（搭售）。

两部收费制也是一种攫取消费者剩余的方法。它要求消费者在购买产品之前先支付一定的费用,之后购买希望消费的产品时再按价付费。很多游乐园都会采用这种方式,先买一张入场门票,然后在消费其他项目时再次付费。当然,在实践中商家一般会制定比较巧妙的两部收费方式,如购买门票就可以免费享受大部分游乐项目,但若想享受某些特定的服务（例如餐饮、快速通道、园区内的自驾车）,则还需额外付费。

不能将经济学意义上的捆绑销售简单理解为强买强卖,而是当消费者之间的需求存在显著差异时,商家可以利用组合定价方式获取更多的消费者剩余,同时消费者也并没有被强制购买自己不需要的东西。当然,现实中是否有这种捆绑销售下的强制购买则另作他论。在通常来说,企业既会将其产品单独销售,也会以套餐的方式进行捆绑销售,并且捆绑销售的价格要低于各产品单价之和。

第六章　生产要素市场和收入分配

一、本章导学

本章转入生产要素市场,讨论要素使用和要素价格的决定过程。

在学习过程中需要认识到的是,一方面,对要素市场的研究是对之前一般产品市场研究的自然延续,因为在西方经济学的视角下,要素(劳动和资本等)实际上也是一些商品,其规律和普通商品并没有本质上的差异。另一方面,在西方经济学中,要素市场的数量和价格又与整个社会的收入分配密切相关,这是因为西方经济学认为整个社会的收入分配,就是不同生产要素所有者在市场上出售自己拥有的要素的所得,和糖果商出售糖果等并无本质区别。

要素市场和产品市场存在紧密的联系。厂商是产品的供给者,是要素的需求者,以利润最大化为目标;而家庭(消费者)是产品的需求者,是要素的供给者,以效用最大化为目标。双方分别在产品市场和要素市场实现供求均衡,前者决定产品价格,而后者决定要素价格(即收入分配)。所有市场均衡就意味着实现了将在第七章学习的一般均衡。

某些教科书使用图 6-1 很好地阐释了要素市场和产品市场间的区别与联系,对初学者帮助很大。不过这里值得补充的是,图 6-1 应该参照了萨缪尔森在《宏观经济学》中的类似图形,萨缪尔森的图则出自他的老师弗兰克·奈特 1926 年所作的一幅名叫"财富之轮"的示意图,而弗兰克·奈特的思想又可进一步追溯至 18 世纪法国重农学派代表人物魁奈的著作。无论是萨缪尔森、弗兰克·奈特还是魁奈,其示意图都旨在强调经济中的动态循环,尤其是货币的循环。但是,标准的微观经济学中其实是没有这些概念的,具体来说,没有货币,更没有循环。相反,标准的微观经济学强调的是所有市场同时实现一般均衡,这尤其表现在高级微观经济学课程中。高级课程中一般不强调要素市场和产品市场的区别,而是从总体上探讨同时包含产品和要素的一般均衡。

理论上讲,要素市场的问题和产品市场的问题几乎是完全对称的,同样存在供给曲线、需求曲线、完全竞争市场、垄断、垄断竞争、寡头等问题。但是在通常的本专科教学中,由于课时原因,这一部分通常讲授得较为简略,主要以完全竞争条件下的要

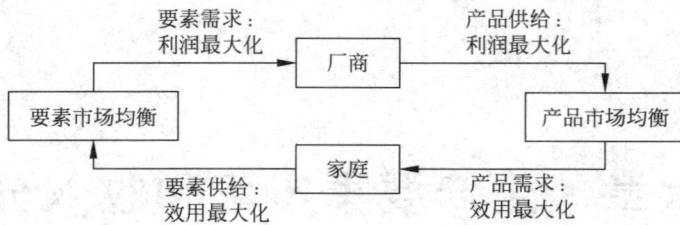

图 6-1　要素市场—产品市场的循环和均衡

素市场(一般更局限于劳动力市场)为例,讲解西方经济学要素市场理论的基本思想。

　　尽管如此,这样的处理方法其实影响不大,其重要原因是,其一,西方经济学关于生产要素的各学说和完全竞争关系密切(让我们回忆前文生产和成本理论对要素价格的处理方式),而当生产要素市场是不完全竞争市场时,很多结论就不明确,甚至无法成立了。其二,在要素市场中,只有在劳动力市场中,西方经济学的要素学说能相对精细地加以说明;而在资本要素市场中,其不仅会面对如何界定资本和利息等理论上的困难(如"两个剑桥之争"),而且和现代金融市场学说也有很大差距。整体而言,西方经济学的要素市场理论仍有很多尚未解决的问题,并且由于近年来西方经济学研究问题的转向,这些问题短期内在既有的框架下也难看到解决的希望。

　　课本中对不完全竞争情况下的要素市场只介绍了两种情况,即卖方垄断和买方垄断。前者是指企业在产品市场上是卖方垄断者,但在要素市场上作为买方是完全竞争者;而后者是指企业在产品市场作为卖方是完全竞争者,但在要素市场上是买方垄断者。并未介绍企业两个市场上都是垄断者的情形,也未介绍企业在要素市场是寡头、垄断竞争等情况。但应当认识到,原则上讲,只要抓住了利润最大化这一基本原则,所有的具体情况都可以通过最优化的数学方法进行分析。在学习过程中不应死记硬背,而应当将它们理解为利润最大化原则在不同场合下的具体表现。

　　此外,在收入分配问题上,由于劳动、资本、土地三个生产要素对应着工人、资本家以及地主三大阶级,因此要素市场理论必然和阶级关系紧密联系在一起。西方经济学的生产要素学说主张每种生产要素的市场价格取决于该要素的边际生产力或者说边际贡献,并且进一步地,主张在完全竞争市场条件下,将所有的产出都分配完毕,没有任何剩余,从而资本主义是和谐的。这即是所谓的克拉克分配定理。

　　事实上,在 19 世纪 80—90 年代,约翰·克拉克论证克拉克分配定理时,主观上就体现了非常明确而强烈的替资本主义制度辩护的立场,并且对此毫不避讳。而西方经济学的分配理论总是试图从不同角度来否认资本主义社会存在剥削,否认资本主义社会的对抗性质。这一点是我们在学习过程中必须有清晰认识的。

　　总之,西方经济学中的生产要素-收入分配学说以及一般均衡理论构成了一个完整的、为资本主义生产关系和资本主义自由市场辩护的学说体系。我们在学习西方经济学时既要学习其中有益于发展中国特色社会主义市场经济的合理成分,亦要辨明其理论学说背后的资产阶级辩护色彩,做到取其精华、去其糟粕。

二、本章提纲梳理

章　　节		知　识　要　点	学习难点
第六章 生产要素 市场和收 入分配	第一节 完全竞争和 要素需求	◇ 边际收益产品及其曲线形状 ◇ 要素边际成本 ◇ 完全竞争企业的要素使用原则 ◇ 完全竞争企业的要素需求曲线 ◇ 从单个企业要素需求曲线推导市场要素需求曲线	—
	第二节 要素供给的 一般理论	◇ 要素供给的效用最大化原则 ◇ 要素供给的无差异曲线分析 ◇ 推导要素供给曲线	—
	第三节 劳动和工资	◇ 基于效用最大化的劳动供给分析 ◇ 劳动供给曲线及其形状 ◇ 劳动供给的收入效应和替代效应 ◇ 均衡工资的决定	★ 关于劳动供给 收入效应和替 代效应的解释 和分解
	第四节 土地和地租	◇ 土地的供给和需求曲线 ◇ 地租的决定	—
	第五节 资本和利息	◇ 西方经济学中资本和利息的含义 ◇ 资本供给的无差异曲线分析 ◇ 资本供给曲线及其形状 ◇ 资本市场的均衡	★ 跨期消费优化 问题的求解
	第六节 垄断条件下要 素使用量和价 格的决定	◇ 卖方垄断及其要素使用原则 ◇ 边际收益产品及其曲线 ◇ 卖方垄断的要素需求曲线 ◇ 买方垄断及其边际要素成本 ◇ 买方垄断企业的要素需求曲线	—
	第七节 本章评析	◇ 边际分配理论的缺陷 ◇ 收入分配中的效率和公平	—

三、知识图谱和部分概念阐释

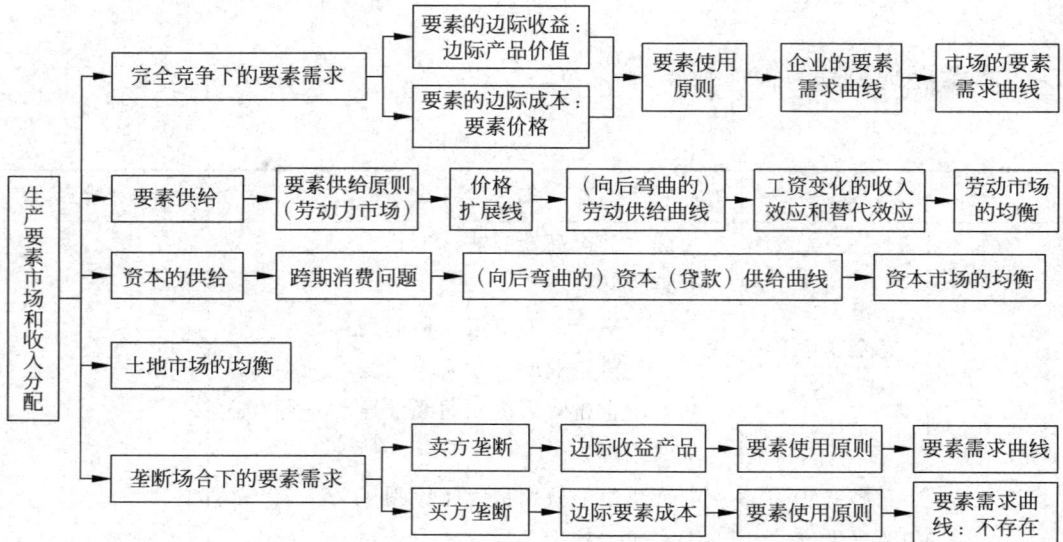

生产要素市场和收入分配

- 完全竞争下的要素需求
  - 要素的边际收益：边际产品价值
  - 要素的边际成本：要素价格
  → 要素使用原则 → 企业的要素需求曲线 → 市场的要素需求曲线
- 要素供给 → 要素供给原则(劳动力市场) → 价格扩展线 → (向后弯曲的)劳动供给曲线 → 工资变化的收入效应和替代效应 → 劳动市场的均衡
- 资本的供给 → 跨期消费问题 → (向后弯曲的)资本(贷款)供给曲线 → 资本市场的均衡
- 土地市场的均衡
- 垄断场合下的要素需求
  - 卖方垄断 → 边际收益产品 → 要素使用原则 → 要素需求曲线
  - 买方垄断 → 边际要素成本 → 要素使用原则 → 要素需求曲线：不存在

第六章的知识图谱

1. 边际产品价值(VMP)

边际产品价值是指完全竞争企业多使用 1 单位要素所带来的收益的增加量，等于要素的边际产品(MP)和产品价格(P)的乘积。

2. 边际收益产品(MRP)

边际收益产品即卖方垄断企业使用要素的边际收益，等于产品的边际收益(MR)和要素的边际产品(MP)的乘积。

3. 边际要素成本(MFC)

边际要素成本即使用要素的边际成本，或者多使用 1 单位要素所增加的成本，等于要素的边际产品(MP)和产品的边际成本(MC)的乘积。

四、基础练习

1. 选择题

(1) 完全竞争企业的要素需求曲线由(　　　)导出。

　　A. VMP 曲线　　　　　　　　　　B. MRP 曲线

　　　C. MR 曲线　　　　　　　　　　　　D. MFC 曲线

（2）假设某地方性企业在当地的产品市场以及劳动力市场都具有完全垄断地位。该企业的生产函数为 $Q=10L$，L 表示其雇佣的劳动力数量；产品市场的反需求函数为 $P=5-0.1Q$，劳动力市场的反供给函数为 $W=10+10L$。则该企业利润最大化的产量为（　　）。

　　　A. 20　　　　　　B. 100　　　　　　C. 50　　　　　　D. 10

（3）如果对于某个人来说闲暇是正常品，若其收入增加，则会使得（　　）。

　　　A. 其用于工作的时间减少，用于闲暇的时间增多

　　　B. 其用于工作的时间增多，用于闲暇的时间减少

　　　C. 用于工作和闲暇的时间都增加

　　　D. 用于工作和闲暇的时间都减少

（4）假设某厂商在劳动力市场上是买方垄断者，其面临劳动供给曲线为 $W=100+0.02L$，L 表示厂商雇佣的劳动力数量，W 表示工资率。如果厂商雇佣 100 人，那么他的劳动力边际成本（　　）。

　　　A. 等于工资率

　　　B. 曲线斜率为供给曲线斜率的两倍

　　　C. 曲线截距为供给曲线截距的两倍

　　　D. 等于工资率加上 100

（5）随着工人工资率的上升，如果（　　），则劳动供给曲线向后弯曲。

　　　A. 收入效应大于替代效应

　　　B. 替代效应大于收入效应

　　　C. 收入效应等于替代效应

　　　D. 收入效应和替代效应同方向变动

（6）在短期内，厂商所面临的资本供给曲线是（　　）的。

　　　A. 向右上方倾斜

　　　B. 向右下方倾斜

　　　C. 完全无弹性

　　　D. 完全有弹性

（7）在完全竞争市场上，厂商对生产要素的需求量取决于（　　）。

　　　A. 产品市场的价格

　　　B. 要素的边际产品

　　　C. 生产要素的价格

　　D. A 和 B

(8) 设某厂商的生产函数为 $Q = -\dfrac{1}{3}L^3 + 6L^2 - 34L$,其中 Q 为产量,L 为每日投入的劳动小时数。所有市场都是完全竞争的,单位产品的价格为 10 元,工资率为 20 元,那么厂商使用的劳动小时数为(　　)。

　　A. 4　　　　　　　　B. 5　　　　　　　　C. 6　　　　　　　　D. 7

(9) 假设某劳动者能自由选择每周的劳动时长。当工资率为每小时 15 元时,该劳动者每周赚 600 元,当每小时 20 元时,该劳动者每周赚 700 元,由此可以推断(　　)。

　　A. 收入效应起主导作用

　　B. 替代效应起主导作用

　　C. 收入效应和替代效应都没有起作用

　　D. 无法确定

(10) 假设某厂商在产品市场上是垄断者,而在要素市场上是完全竞争者。其产品需求函数为 $P = 10 - Q$,生产要素的价格为 20。假设利润最大化时的边际产量为 10,则此时的产品价格为(　　)。

　　A. 10　　　　　　　B. 11　　　　　　　C. 15　　　　　　　D. 16

(11) 假设某厂商在产品市场上是完全竞争者,而在要素市场上是垄断者。现在假设要素供给函数为 $W = 10 + 5L$,该要素的边际产品价值为 100,则要素的最优使用量为(　　)。

　　A. 8　　　　　　　　B. 9　　　　　　　　C. 10　　　　　　　D. 18

(12) 下列关于工资上涨的说法正确的是(　　)。

　　A. 替代效应和收入效应都鼓励工人减少劳动时间

　　B. 替代效应和收入效应都鼓励工人增加劳动时间

　　C. 替代效应鼓励工人减少劳动时间,收入效应鼓励工人增加劳动时间

　　D. 替代效应鼓励工人增加劳动时间,收入效应鼓励工人减少劳动时间

(13) 某完全竞争厂商目前的 VMP = 100,则当工资为多少时,该厂商应减少劳动的使用量?(　　)

　　A. 100 元　　　　　B. 110 元　　　　　C. 90 元　　　　　D. 以上均错

(14) 以下哪种情况下企业的要素需求曲线不存在?(　　)

　　A. 企业在产品市场为完全竞争者,在要素市场为垄断者

　　B. 企业在产品市场与要素市场都为完全竞争者

C. 企业在产品市场为垄断者,在要素市场为完全竞争者

D. 以上均对

(15) 在对要素市场的分析中,一个属于完全竞争市场的企业与一个属于卖方垄断市场的企业,相比之下二者的需求曲线( )。

　　A. 前者与后者重合　　　　　　B. 前者比后者陡峭

　　C. 前者比后者平坦　　　　　　D. 无法确定

(16) 假设一个完全竞争企业生产某种商品需要使用劳动、资本和土地三种生产要素,假设技术条件不变,当劳动的投入量连续增加时,它的边际产品价值( )。

　　A. 在资本和土地的数量不变时将下降

　　B. 在资本和土地的数量同比增加时将下降

　　C. 在任何条件下都将下降

　　D. 以上均正确

(17) 假定某完全竞争企业劳动和资本的边际产品价值分别是 2 和 1,两种要素的价格分别是 4 和 2,那么以下说法正确的是( )。

　　A. 使用两种要素的相对比例是正确的,但数量不是利润最大化的

　　B. 使用两种要素的相对比例是正确的,数量也是利润最大化的

　　C. 使用两种要素的相对比例是不正确的,数量也不是利润最大化的

　　D. 无法判断

2. 计算题

(1) 假设在一偏远小镇上,某企业是唯一的生产者,也是唯一的雇主。该企业的生产函数为 $Q=5L$,产品的需求函数为 $P=10-Q$,小镇的劳动供给函数为 $w=L$。试问:

① 该厂商将雇佣多少劳动者? 均衡工资率是多少?

② 如果政府限制当地的最低工资率是 10 元,那么该公司将雇佣多少工人? 会产生多少失业人数?

③ 若政府兴建了一条通往人口规模远超小镇的大城市的道路,镇上居民可自由前往就业(假设通勤成本为零),大城市的工资率为 15 元,那么请问此时小镇的均衡工资率是多少? 企业将雇佣多少劳动者?

④ 若这条道路同时使得大城市的产品也顺利流入小镇,从而小镇企业的产品也进入了一种完全竞争的状态。设大城市产品的市场价格为 5 元,请问这家小镇企业的产量和利润是多少?

(2) 某消费者要将一天 24 小时分配给工作和闲暇,他的效用来自闲暇时间 R 和消费 C,他工作一小时的工资率为 w,效用函数为 $U(R,C)=C^{0.5}R^{0.5}$。试求:

① 这个消费者的劳动供给函数;

② 对他来说,闲暇是一个正常品吗?

五、进阶练习

1. 选择题

(1) 某市场是一个完全竞争市场,市场需求函数为 $Q=100-P$,市场普遍使用一种固定的技术,它使用 1 单位的劳动和 1 单位的原材料制造 1 个产品。假设劳动市场是完全竞争的,工资率为 5 元,而原材料市场却是垄断的。供应原材料的企业为了让利润最大化(假设原材料边际成本为零),应当把原材料的价格定为多少?(　　)

  A. 47.5 元　　　　　　　　　　　B. 50 元

  C. 45 元　　　　　　　　　　　　D. 无法判断

(2) 已知某垄断厂商仅使用劳动来生产产品,且技术呈规模报酬不变。厂商面临的产品市场需求曲线是一条向右下倾斜的直线,劳动力供给曲线为一条水平线。如果该垄断厂商实现了利润最大化,则此时(　　)。

  A. 边际产品与产品价格的乘积大于工资

  B. 边际产品与产品价格的乘积等于工资

  C. 边际产品与产品价格的乘积小于工资

  D. 无法确定

2. 计算题

(1) 假设某厂商在完全竞争的产品和要素市场上从事生产经营,其生产函数为 $Q=L^{0.5}K^{0.5}$。产品的市场价格为 p,工资率为 w,市场利率为 r,厂商资本为固定要素,数量为 $\bar{K}$。试问:

① 在短期中,该厂商的劳动需求曲线是什么?利润是多少?

② 在长期中,该厂商的劳动需求曲线是什么?和问题①相比,可得出哪些结论?

(2) 某厂商的生产函数 $F(K,L)$ 是规模报酬不变的,其在产品市场上是垄断者,而在要素市场上是完全竞争者。请证明其经济利润占总收入的份额是由其产品需求曲线的价格弹性决定的,即 $\pi=\dfrac{1}{\varepsilon}\mathrm{TR}$。

第六章习题答案

六、经济思维和案例课堂

（1）阅读以下案例。[①]

在快速城镇化进程中，"乡土中国"向"城乡中国"转型，中国的村庄在社会治理、社会结构、社会价值等方面发生着史无前例的历史变迁。据统计，2000—2018年中国的常住人口城镇化率从36.22%提高到59.58%，同期村民委员会数量从73.5万个减少到54.2万个，减少了26.26%；自然村数量从353.7万个减少到245.2万个，减少了30.68%。在此过程中，作为全国百强村的河南省漯河市干河陈村，在1998年确立了"退出一产、优化二产、大力发展三产"的发展思路，农业在村庄的城镇化建设中逐渐消失。但令人意外的是，2016年干河陈村在全村村民实现城镇化的背景下又重新走上了发展农业的道路，将农业定位成村庄经济发展的新增长点。

从改革开放至今其改革阶段可分为三个。第一阶段从1949年一直持续到1998年，这一阶段耕地"非农化"占用增加，且劳动力持续向非农产业转移。直到1998年9月，干河陈村下发了"关于土地统一管理的规定"，全村土地在当年玉米秋收后收归村委会统一管理，农业在村域范围内退出了历史舞台。第二阶段则从1999年一直持续到2015年。这一阶段干河陈村将土地收归村委会统一管理，通过土地商品化和资本化发展房地产，把土地级差收益留给村集体。并且，为进一步解决村民的就业问题，村办企业开源集团依托旗下房地产、物业、商业、旅游、酒店、餐饮、园林等产业的劳动力吸纳优势，优先录用愿意到村属企业工作的村民，承诺提供合适岗位，同时设立创业基金，鼓励村民自主创业。总体而言，这一时期干河陈村通过土地非农化发展第二、第三产业来推进村庄工业化和城镇化，在集体土地上"长出了"城镇。第三阶段则从2016年至今。在这一阶段，干河陈村通过开工建设三河湾生态观光农业园，因地因景设计出"三区、三带、三岛"空间结构，以生态循环农业为基础，拓展"农业＋文化""农业＋旅游""农业＋养老""农业＋会务""农业＋餐饮""农业＋科技"等多元化业态，力求实现农业的功能、景观和生态平衡，促进村庄第一、第二、第三产业深度融合发展。

根据以上材料，请从市场配置资源这一角度出发，并结合农业的不同形态以及土地要素在不同时期的不同功能，分析干河陈村为什么要在1999年退出农业？又为什么要在2016年又重返农业？

---

① 何安华，倪坤晓.退出农业的村庄缘何重返农业？——河南省干河陈村的城镇化与农业发展案例.江南大学学报(人文社会科学版)，2022，3.

（2）阅读以下材料。①

在 20 世纪 90 年代以后,我国有大量的农村劳动人口流入城市。而近年来随着农民工返乡创业政策的深入实施,大量农民工又从打工城市"流回"农村地区,从事与农业或与打工经历相关的创业活动。有关统计数据显示,截至 2022 年,全国返乡入乡创业人员数量累计达 1220 万人,在"归雁经济"带动下,农民工返乡创业不仅给家乡带来技术、资本和社会资源等优质生产要素,还能提高当地农民收入水平,进一步促进农民就近就业。

现有研究认为,除政策因素外,农民工返乡受以下个人因素影响：进城务工经验、技能积累、社会资本、经济资本和性别、婚姻和家庭因素等。而从外部因素上看,农民工返乡创业则受宏观经济形势、外部就业压力、返乡就业福利、家庭居住福利等共同影响。在创业方向上则主要开展特色养殖、乡村旅游、农产品加工、物流运输和农村电商等项目。

关于以上资料所阐述的内容,是否可以使用西方经济学的生产要素市场理论加以分析？农村人口流入城市后构成的劳动力市场具有什么样的特征？农民工返乡创业这一决策,是否符合劳动力供给曲线的描述？农民工返乡创业后他们从事的代表性行业属于什么市场,可能会面临什么样的困难？而在农民工返乡创业和乡村振兴工作中,乡村的基础设施和公共物品,如教育、网络和医疗等,也起到很重要的作用,如何从公共物品和外部性的角度对其加以认识？

七、知识边界延伸

（1）MR＝MC 的利润最大化原则和本章所讨论的利润最大化原则是一样的吗？

二者本质上是一样的。以本章所说的 VMP＝w 为例,在完全竞争市场下将利润最大化公式 MR＝MC 两边对 L 求导即可得 $p \cdot MP_L = VMP = w$。因此,本章的很多内容本质上只是从要素的角度对前几章结论进行重新表达,而不能错误地认为第六章是一个全新且独立的内容,从而增加记忆量。

第三章谈到的生产者均衡结论：$\dfrac{MP_L}{w} = \dfrac{MP_K}{r}$,和本章分析的利润最大化原则也是一样的。事实上,严格来讲,生产者均衡结论应当一般性地表示为

$$\frac{MP_L}{MFC_L} = \frac{MP_K}{MFC_K}$$

① 夏杰长,王鹏飞,贺俊.农民工返乡创业的内在积极性何以被激发：一个案例研究.东岳论丛,2024,1.

这里的 MFC 即要素边际成本。在完全竞争的要素市场条件下,上述条件简化为第三章所阐述的 $\dfrac{MP_L}{w} = \dfrac{MP_K}{r}$。

(2) 经济租金和准租金。

西方经济学教材关于要素收入的部分,有时会谈到准租金和经济租金这两个概念,但未深入解说,以致很多初学者难以正确认识两个概念的区别与联系。

准租金是马歇尔提出的一个概念,来自对地租概念的扩大和延伸。这里的"准"是近似、宽泛之意,因此准地租可以理解为是广义上的地租。

为了理解这个概念,可以从地租的概念谈起。在 19 世纪,由于土地是固定不变的、不需要补偿的,因此地租被理解为一种剩余,是总收入中扣除(补偿资本的)正常利润和(补偿劳动的)工资之外的余额。所以地租=收入－正常利润－工资=超额利润＋为了维系土地供给而支付给土地的必要补偿(这部分实际上为零)。

将地租的这个长期性质扩大到短期内暂时不变的生产要素(例如资本)上,就得到了准租金的概念。设资本在短期内是不变的,资本的准租金=收入－工资=超额利润＋为了维系资本供给而支付的必要补偿(即固定成本)①。由此可知,资本的准租金=短期内的经济利润＋固定成本,实际上就是在短期内的生产者剩余。直观地说,资本的准租金反映了资本所有者由于拥有资本而获得的利益,正如地租反映了土地所有者由于拥有土地而获得的利益。总之,准租金特别强调短期的概念。

而经济租金也是地租概念的推广,但它的解释更具有弹性,可以宽泛地指代各种生产要素由于其垄断性质获得的超额收益。在常见语境下,它等同于经济利润。此时,经济租金可以理解为,如果这种带来经济利润的垄断性要素放到自由市场上租赁,人们会为它付出多少金钱? 显然充分竞争的市场会将这个租金抬高到正好等于全部经济利润。

值得注意的是,和准租金不同,经济租金可以是一种长期存在的利益,如垄断厂商由于占有排他性要素而在长期中获得经济利润,这个经济利润就可以说是一种经济租金。另外,由于西方经济学对垄断整体而言持负面评价,因此经济租金的使用难免具有一定负面色彩,例如在第八章中将会讨论的寻租一词。

不妨用这个例子来理解二者的区别与联系。对于一个完全竞争企业来说,在短期内,其生产者剩余=经济利润＋固定成本=准租金。而在长期范围内,由于没有固定成本,也没有经济利润,它就没有准租金,也不能获得任何经济租金。

---

① 这里所谓"为了维系资本供给而支付的必要补偿"有时又可解读为"正常利润"(含折旧)。若深入分析,则又会遇到西方经济学中"资本"概念,从而引起混乱,因此初学者可不作考虑,仅需理解为固定成本即可。

顺带一提,如果所有要素价格和收入分配存在对应关系,那么经济利润和什么要素的收入相关呢? 有时西方经济学将企业获得的经济利润解释是对"企业家才能"这种生产要素的补偿。

(3) 关于向右下方倾斜的 VMP 的补充。

课本中提及,由于边际报酬递减规律,VMP $= p \cdot$ MP 向右下方倾斜,这里值得进一步明确的是,VMP 反映的是 MP 曲线低于 AP 曲线最高点的部分。这是因为厂商只会在可变要素的合理投入区进行生产,而这个合理投入区就是 MP 曲线低于 AP 曲线最高点的部分。

(4) 容易产生混淆的配第-克拉克定理。

西方经济学分配理论的中心是克拉克定理,又作产品耗尽定理。但是,大家若是查阅克拉克定理,则很可能查到叫作配第-克拉克定理的条目。务必注意,这是两条内容不同的定理。产品耗尽定理中的克拉克是指 19 世纪的美国经济学家约翰·克拉克;而配第-克拉克定理中的克拉克则是指 20 世纪的英国经济学家和统计学家科林·克拉克(以纪念他在 20 世纪 40 年代的工作),配第则是指 17 世纪的英国经济学家威廉·配第。

配第-克拉克定理和收入分配没有关系,阐述的是随着经济发展,三大产业结构的变迁问题。概言之,随着人均收入的提高,劳动力将从第一产业向第二产业,再向第三产业移动。

因此,切不可将两个克拉克定理混淆在一起。也许是为了区分,分配上的克拉克定理更多地被叫作产品耗尽定理,或者克拉克-威克斯蒂德定理,这里的威克斯蒂德是指 19 世纪的英国经济学家菲利普·威克斯蒂德。

第七章　一般均衡与效率

一、本章导学

前面关于市场行为的分析采用的是局部均衡分析法，即假设除我们要研究的对象外，其他外部情况均保持不变；反过来，我们所研究对象的变化也不会对其他外部情况产生影响。而本章则从一般均衡（即所有市场互相影响，最终同时实现均衡）的视角来理解市场机制。

不能认为相比局部均衡，一般均衡理论是更"高级"的理论。事实上，二者在研究对象和立意上几乎没有互替性，在形成时间上没有明显的代际差异，也几乎没有思想传承关系，大体可以认为是两套平行的学说。局部均衡理论基本上可以视作英国 19 世纪的传统，最后以 19 世纪末 20 世纪初的马歇尔为集大成者。一般均衡理论则具有更明显的欧洲大陆色彩，以法国的瓦尔拉斯（比马歇尔大 8 岁）及其后继者意大利经济学家帕累托（比马歇尔小 6 岁）为代表人物。

就课本内容来说，一般均衡理论侧重阐释市场机制的有效性，即从个体行为的微观视角论证竞争性市场在配置资源方面是有效率的，利用市场机制能实现生产和消费的帕累托最优。这正是本章内容的重点和核心。

对自由市场机制的推崇是西方经济学自诞生起就存在的信念，以亚当·斯密的"看不见的手"之说最具有代表性。亚当·斯密认为：每个人都在力图应用他的资本来使其产品得到最大的价值。一般地说，他并不企图增进公共福利，也不知道他所增进的公共福利是多少。他追求的仅仅是他个人的安乐，仅仅是他个人的利益。在这样做时，有一只看不见的手引导他去促进一种目标的完成进度，而这种目标决不是他所追求的东西。由于追逐他自己的利益，他经常促进了社会利益的产生，其效果要比他真正想促进社会利益时所得到的效果为大。一般均衡理论是"看不见的手"的具象化，它用数学方法严格证明了在自由的竞争性市场机制下，自利的消费者最大化了自己的效用，自利的企业最大化了自己的利润。在价格的调节机制下，最终社会资源配置到了最有效的地方，并且所有市场都实现了均衡。

　　因此，从 19 世纪的瓦尔拉斯到 20 世纪中前期的冯·诺依曼，他们都致力于从理论上证明一般均衡的存在性，但一直没有完全成功。直到 1950 年，约翰·纳什发明了博弈论之后，博弈论的思想方法启发了阿罗和德布鲁两人。两人于 1954 年证明了一般均衡理论[①]。

　　一般均衡理论在西方经济学中有很高的地位。这主要由于两点：其一是它可以算是西方经济学在数学应用上的顶峰，在 20 世纪上半叶特别推崇经济学科学化的风尚下，这赋予了它极高的吸引力。其二是它适应了当时资本主义的需要，对自由市场推崇者来说，它用科学的形式证明了市场机制的美妙与和谐，起到了振奋人心的作用。也就是说，对西方经济学来说，一般均衡理论的地位并不是来自其实践上的价值，而是源于其思想上的价值。

　　关于福利经济学，福利经济学是由马歇尔的学生、英国经济学家阿瑟·庇古创造的。福利经济学延续了英国的剑桥传统，是基于功利主义哲学和基数效用分析进行研究的，其间含有对不同人的效用或福利进行计算和比较的想法。这种福利经济学被叫作旧福利经济学。

　　瓦尔拉斯和帕累托关于福利的想法与此不同，帕累托提出了如今表述为帕累托最优的看法。不过，如今教材中介绍的福利经济学的体系，实际上是后世经济学家沿着帕累托（而非阿瑟·庇古）的这条思想路线发展起来的（顺带一提，"埃奇沃思盒"实际上最早也是由帕累托发明的，但曾被错误地归属于埃奇沃思）。例如，大名鼎鼎的帕累托最优一词，是英国经济学家伊恩·利特尔在 1950 年才发明的术语。而所谓福利经济学第一定理和第二定理，是阿罗和德布鲁在差不多的时间提出、由萨缪尔森命名的。这种福利经济学被叫作新福利经济学。

　　严格来讲，当前西方经济学的本科教学体系中讲授的关于局部均衡的内容（例如第一章到第六章）不等同于马歇尔本来意义上的局部均衡，关于一般均衡的内容也不等同于瓦尔拉斯和帕累托本来意义上的一般均衡。教材中的局部均衡和一般均衡是 20 世纪 30 年代后，以萨缪尔森为代表的一批美国（或旅居美国的）经济学家，对之前西方各国经济学家的观点进行改编、综合及重新注解，并在此基础上又逐步吸收了一些战后的新成果而确定下来的。

　　总的来说，相对于前六章（尤其是前五章），本章的内容是"点到为止"的，因为一般

---

　　①　在证明过程中，阿罗和德布鲁将"市场"看作一个博弈参与人，考虑的是给定数量选择价格的博弈决策；其他市场交易者考虑的是给定价格选择数量的博弈决策。从而一般均衡也就是一种特定意义下的纳什均衡。关于博弈论和一般均衡间关系的上述说法参考自：安德鲁·马斯-克莱尔，迈克尔·D. 温斯顿，杰里·R. 格林. 微观经济理论（上册）. 曹乾，译，北京：中国人民大学出版社，2024：2.

均衡和福利经济学所涉及的内容极为艰深且广博,远非本专科教材中的一章内容所能涵盖的。因此,对于初学者而言,掌握一些基本思想和基本结论即可,无须过分深究。

二、本章提纲梳理

章　节		知 识 要 点	学习难点
第七章 一般均衡 与效率	第一节 一般均衡	◇ 局部均衡与一般均衡的含义 ◇ 一般均衡市场机制的特征 ◇ 一般均衡的存在性	—
	第二节 竞争性均衡 与经济效率	◇ 帕累托改进和帕累托最优 ◇ 基于埃奇沃思盒的帕累托改进和均衡分析 ◇ 交换契约线 ◇ 交换经济中的消费者均衡条件 ◇ 生产的埃奇沃思盒 ◇ 生产契约线 ◇ 生产者均衡条件 ◇ 生产可能性边界 ◇ 边际转换率及其数学性质 ◇ 生产和交换的帕累托最优条件 ◇ 福利经济学第一定理和第二定理	★ 生产和交换的帕累托最优条件的推导
	第三节 公平与效率	◇ 多种社会福利函数的含义及其评价	—
	第四节 本章评析	◇ 福利经济学第一定理的缺陷 ◇ 一般均衡理论的借鉴价值	

三、知识图谱和部分概念阐释

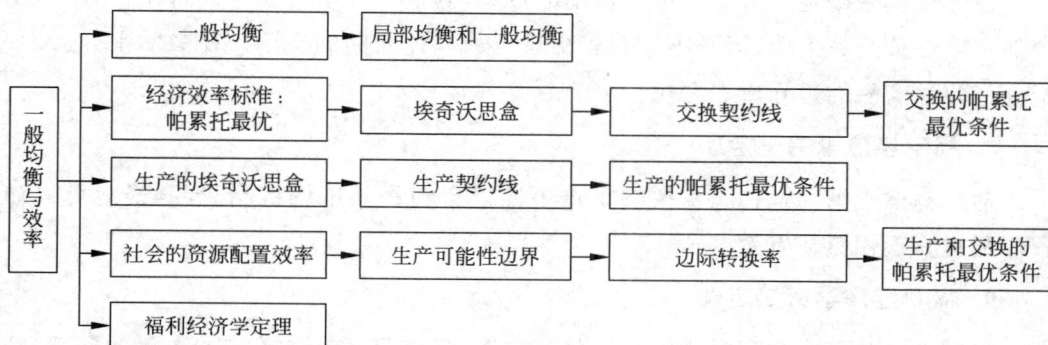

第七章的知识图谱

1. 局部均衡

局部均衡是指在假设其他市场不变的情况下,某一特定产品或要素的市场均衡。

2. 一般均衡

一般均衡是指经济体系中所有市场的供给和需求同时达到均衡的状态。

3. 帕累托最优和帕累托改进

在某资源配置下,如果想要增加某个人的福利,必须以牺牲其他人的福利为代价,即达到了帕累托最优。而若存在对原有资源配置的一个再配置,可以在不影响他人境况的条件下来改善某些人的福利状况,则称这种再配置是对原有配置的帕累托福利改进。

4. 交换契约线

交换契约线是指交换的埃奇沃思盒中所有帕累托最优配置点的连线,表示两种产品在两个消费者之间的所有最优分配的集合;几何上即双方无差异曲线切点的轨迹。

5. 生产契约线

生产契约线与交换契约线类似,是生产的埃奇沃思盒中所有帕累托最优配置点的连线,表示两种生产要素在两个生产者之间的所有最优分配的集合,几何上即双方等产量曲线切点的轨迹。

6. 生产可能性边界

生产可能性边界是由生产契约线构造的曲线。它表明了在既定的劳动和资本总量约束下,能够有效率地生产出来的两种产品的产量组合。生产可能性边界上的点都在生产契约线上,边界内的点都不在生产契约线上。

7. 边际转换率(MRT)

边际转换率即生产可能性边界斜率的负数,测量了在给定要素数量条件下,为了增加 1 单位某商品生产,而必须放弃多少单位另一种商品的生产。在数学上,它又等于生产两种商品的边际成本之比。

8. 福利经济学第一定理

福利经济学第一定理是指依赖于竞争性要素和产品市场机制,社会最终可以使资源配置实现帕累托有效。

9. 福利经济学第二定理

福利经济学第二定理是指在一定的条件下,只需要通过调整初始禀赋的配置,任何帕累托有效配置都可以通过竞争性市场获得。

四、基础练习

1. 选择题

（1）在两个消费者（A 和 B）、两种商品（x 和 y）的经济中，达到交换的帕累托最优的条件为（　　）。

    A.　$\mathrm{MRT}_{xy} = \mathrm{MRS}_{xy}$

    B.　$\mathrm{MRS}_{xy} = \dfrac{P_x}{P_y}$

    C.　$\mathrm{MRS}_{xy}^{\mathrm{A}} = \mathrm{MRS}_{xy}^{\mathrm{B}}$

    D.　$\mathrm{MRT}_{xy} = \dfrac{P_x}{P_y}$

（2）在满足必要假设的条件下，实现帕累托最优和完全竞争市场机制之间的关系是（　　）。

    A. 前者是后者的必要但不充分条件

    B. 前者是后者的充分但不必要条件

    C. 前者是后者的充要条件

    D. 既非充分，也非必要条件

（3）生产契约曲线与生产转换曲线之间的关系是（　　）。

    A. 生产契约曲线导出转换曲线

    B. 转换曲线导出生产契约曲线

    C. 两者之间不存在导出关系

    D. 两者可以互相推导

（4）在生产和交换的帕累托最优处，以下条件不成立的是（　　）。

    A. 两个生产者的边际技术替代率必须相等

    B. 两个消费者的边际替代率必须相等

    C. 一个消费者的边际替代率与一个生产者的边际技术替代率相等

    D. 一个消费者的边际替代率与两种产品的边际转换率相等

（5）以下关系中，能体现生产者以最有效率的方式生产商品，且生产的商品组合也是消费者的最优组合的是（　　）。

    A.　$\mathrm{MRT}_{xy} = \mathrm{MRS}_{xy}$

B. $\mathrm{MRS}_{xy}=\dfrac{P_x}{P_y}$

C. $\mathrm{MRT}_{xy}=\dfrac{\mathrm{MC}_x}{\mathrm{MC}_y}$

D. $\mathrm{MRS}_{xy}^{A}=\mathrm{MRS}_{xy}^{B}$

(6) 以下说法不正确的是(　　)。

A. 如果经济实现了一般均衡,那么每个市场都实现了局部均衡

B. 如果 n 个市场中的 $n-1$ 个都实现了均衡,那么最后一个市场也实现了均衡

C. 帕累托最优既意味着最有效率,也意味着最公平

D. 在满足必要假设的情况下,所有帕累托最优都可以通过完全竞争市场得到

(7) 对于生产可能性边界来说,以下说法正确的是(　　)。

A. 两个厂商都最大化了利润

B. 两个厂商都最小化了成本

C. 已将现有的生产要素进行了最有效率的配置和使用

D. 以上均对

(8) 张三和李四在排队买票玩过山车,张三认为玩过山车值 30 元,李四认为值 40 元,但是李四排在张三的后面,而过山车座位已经坐满,此时若张三将座位票以 40 元卖给李四,仅就西方经济学的范围内,以下说法正确的是(　　)。

A. 实现了帕累托改进,达到了帕累托最优

B. 没有达到帕累托最优

C. 该问题和帕累托效率无关

D. 无法判断

2. 计算题

(1) 在一个只有两个消费者 A 和 B 的纯交换经济中,假设两人的效用函数分别为 $u_A=x_A^{0.5}y_A^{0.5}$,$u_B=x_B^{0.4}y_B^{0.6}$,试回答以下问题:

① 若两人实现了交换的帕累托最优,均衡处两种商品的价格比例是多少?

② 交换的契约曲线是什么?

③ 假定交换前 A 有 5 单位商品 X 和 5 单位商品 Y,B 有 2 单位商品 X 和 8 单位商品 Y,那么均衡处两人分别消费的两种商品数量是多少?

(2) 在只有两个厂商 A 和 B 的生产体系中,假设二者分别生产商品 X 和商品 Y,

生产函数分别为 $x=K_A^{0.2}L_A^{0.3}$，$y=K_B^{0.1}L_B^{0.4}$。假设在初始状态下，厂商 A 有 100 单位劳动，50 单位资本；厂商 B 有 50 单位劳动，100 单位资本，试回答以下问题：

　　① 均衡处两种生产要素的价格比例是什么？

　　② 生产的契约曲线是什么？

　　③ 生产可能性曲线是什么？对应的 MRT 是什么？

　　④ 均衡处两个厂商分别使用多少单位的劳动和资本？

　　(3) 在上述两题的前提下，计算该经济生产和交换的帕累托最优，并思考该帕累托最优是如何体现在完全竞争市场条件下，一般均衡实现了利润最大化和效用最大化的？

五、进阶练习

1. 选择题

　　(1) A 和 B 只消费 X 和 Y 两种商品。二者的效用函数分别为 $u_A=x_A^{0.5}y_A^{0.5}$ 和 $u_B=x_B+2y_B$。两人的初始禀赋 (x,y) 分别为 $\omega_A=(10,0)$，$\omega_B=(0,10)$。那么在经济达到竞争性均衡时，两种商品的交换价格比例 (p_A/p_B) 是（　　）。

　　A. 0.5　　　　　　　　　　　　B. 2

　　C. 1　　　　　　　　　　　　D. 无法确定

　　(2) 在两个消费者(A 和 B)和两种商品(X 和 Y)的纯交换经济里，两个消费者都具有光滑且凸向原点的无差异曲线。在初始配置中，$\mathrm{MRS}_{XY}^a<\mathrm{MRS}_{XY}^b$，而均衡处的价格比例为 $\dfrac{p_X}{p_Y}$。那么，以下说法错误的是（　　）。

　　A. A 应该用商品 X 换 B 的商品 Y

　　B. A 应该用商品 Y 换 B 的商品 X

　　C. $\mathrm{MRS}_{XY}^A<\dfrac{p_X}{p_Y}$

　　D. $\mathrm{MRS}_{XY}^B>\dfrac{p_X}{p_Y}$

　　(3) 在两个消费者(A 和 B)和两种商品(X 和 Y)的纯交换经济里，两位消费者的效用函数为 $u_A=\max\{x_A,2y_A\}$ 和 $u_B=2x_B+y_B$，两个商品总禀赋量均为 1。记 A 位于埃奇沃思盒的左下角，B 位于右上角。那么，契约曲线为（　　）。

　　A. 埃奇沃思方框图的左边

　　B. 埃奇沃思方框图的底边

C. 埃奇沃思方框图的左边和底边

D. 埃奇沃思方框图的右边

(4) 在两个消费者(A 和 B)和两种商品(X 和 Y)的纯交换经济里,假设 A 的偏好关系满足非餍足性假设,而 B 喜欢商品 X 而厌恶商品 Y。两人的初始禀赋(x,y)为 $\omega_A=\omega_B=(1,1)$。那么关于两种商品的竞争性均衡价格,正确的是(　　　)。

A. $p_Y<0<p_X$ 　　　　　　　　　B. $0<p_Y<p_X$

C. $0\leqslant p_Y$ 　　　　　　　　　D. 无法确定

(5) 在两个消费者(A 和 B)和两种商品(X 和 Y)的纯交换经济里,两人的效用函数分别为 $u_A=x_A^{0.5}y_A^{0.5}$ 和 $u_B=3x_B+2y_B$。假设交换的帕累托最优下两人都消费了两种商品,此时 x_A 与 y_A 的关系是(　　　)。

A. $3x_A=2y_A$ 　　　　　　　　　B. $x_A=5y_A$

C. $x_A=y_A$ 　　　　　　　　　　D. 无法判断

2. 计算题

(1) 在一个只有两个消费者 A 和 B 的纯交换经济中,假设两人的效用函数分别为 $u_A=x_A^{0.5}y_A^{0.5}$,$u_B=x_B+y_B$,两人的初始禀赋(x,y)分别为 $\omega_A=(5,1)$,$\omega_B=(1,5)$。试回答以下问题:(画图分析)

① 交换的契约曲线是什么?

② 若 A 的效用函数变为 $u_A=x_A+y_A$,契约曲线是什么? $u_A=2x_A+y_A$ 呢?

③ 若 B 喜欢商品 X 而厌恶商品 Y,则对于初始禀赋而言,帕累托改进区域是什么?

④ 若效用函数变为 $u_A=\min\{x_A,y_A\}$,$u_B=\min\{x_B,2y_B\}$,契约曲线是什么?

⑤ 若效用函数变为 $u_A=\max\{x_A,y_A\}$,$u_B=\max\{x_B,y_B\}$,契约曲线是什么?

⑥ 请根据上述问题的答案感受消费者偏好的凸性假设在帕累托最优中的意义。

(2) 在一个只有两个厂商 A 和 B 的纯交换经济中,二者分别生产商品 X 和 Y,生产函数分别为 $x=K_A^{0.5}L_A^{0.5}$,$y=K_B^{0.5}L_B^{0.5}$,劳动和资本的总初始禀赋均为 1。试回答以下问题:

① 生产的契约曲线是什么?生产可能性边界是什么样的?

② 若 A 的生产函数变为 $x=K_AL_A$,生产的契约曲线是什么?生产可能性边界是什么样的?

③ 请根据上述问题的答案感受生产函数的规模报酬特征对帕累托均衡的影响。

(3) 假设 A 和 B 两个人既生产商品又消费商品。他们每个人初始都有 1 单位的劳动时间禀赋,两人的效用函数分别为 $u_A = x_A^{0.5} y_A^{0.5}$,$u_B = x_B^{0.5} y_B^{0.5}$;两人拥有相同的生产技术,商品 X 和商品 Y 的生产函数分别为 $x = L$,$y = 2L$;两人可以自由分配自己的劳动时间以同时生产一种或两种商品,也可以自由地在市场上交换商品,但不存在劳动力市场。试回答:

① 生产可能性曲线是什么?

② 如果市场最终实现了生产和交换的帕累托最优,那么均衡处两种商品的价格之比是多少?

六、经济思维和案例课堂

第七章习题答案

(1) 阅读以下三个案例。[①]

案例 1:根据广昌县白莲产业发展局提供 2000—2017 年白莲生产抽样调查资料整理。抚州市广昌县白莲种植年施用农药次数随着杀虫灯覆盖率上升而降低,杀虫灯覆盖率、户均年施药次数分别由 2000 年的 0%、4.2 次变为 2017 年的 43%、1.8次。广昌县头陂镇龙港村具体案例调查结果显示,灭虫灯覆盖区域相较于未覆盖区域,农药施用频率从 3.4 次/年降低至 1.3 次/年,亩均产量增加 3.15 公斤/年,实现节本增收 419 元/(亩•年)。

案例 2:抚州市于 2013 年联合颁布《抚州市人民政府关于水库水质污染专项整治的实施意见》,社会各界积极探索水库渔业生态养殖技术。根据抚州市生态环境局提供 2013—2019 年水库水质变化数据资料整理,自水库渔业生态养殖技术推广以来,抚州市Ⅲ类水质以上水库占比分别从 2013 年 60.7% 上升至 2019 年的 94.9%,抚州市全市水库水质得到显著改善。在此过程中,为改善水质需承担渔业经营损失 70 万元,但与之相对的是由环境改善而产生的用水成本降低与水污染相关疾病减少等带来了超过 260 万元生态环境福祉,生态环境福祉收益显著高于经济福祉损失,社会整体福祉水平得以提升。

案例 3:2017 年抚州市政府开发推广碳普惠(绿宝)网络平台,得到社会各界积极响应,注册人数达到 20 万人,日均活跃人数保持在 1.5 万人左右。该平台主要通过互联网大数据技术构建能够大幅度降低生态账户计量与管理成本的动态统计交易诱致性制度,作用于生态系统领域的资源分配过程,增强资源高效分配能力,为塑造碳汇、污染权、生态资产产权等可交易的绿色权益市场创造条件。基于绿宝平台活跃用户数据库抽样与问卷调查数据,并借助 CCER 方法进行估算,结果显示,绿宝平台能

[①] 王思博,庄贵阳.生态技术创新:理论阐释、作用机制与案例检验.经济体制改革,2023,1.

够培育居民节约资源、低碳出行等行为习惯,显著减少消费冗余,可实现年碳减排超过 300 万吨。

思考上述哪些案例属于帕累托改进,而哪些案例不属于帕累托改进?并进一步思考属于帕累托改进的案例之间有何不同?

(2) 阅读以下材料。[①]

材料 1:一般而言,根据城市流入人口所居住的土地类型,可以将居住模式分为非正规居住模式与正规居住模式两种。其中,城市中较大比例的流入人口居住于工业用地的模式称为非正规居住模式,较大比例的流入人口居住于住宅用地的模式称为正规居住模式。

材料 2:在我国,人口流入贡献了城市 85% 左右的常住人口增量,是人口城镇化的重要表现。而随着 2014 年《国家新型城镇化规划(2014—2020 年)》的出台,以及 2015 年供给侧结构性改革思路的提出,人口城镇化、供给结构调整上升为国家战略。然而,在"中国式分权"的制度环境下,地方政府面临着激烈的经济增长竞争和财税竞争,土地供给政策成为地方政府应对竞争的重要工具。地方政府一方面普遍采用非饱和供给模式,高价出让住宅及商服用地,增加地方财政收入,迎合财税竞争的需要,从而在客观上推高了房地产价格,增加了人口的居住成本,导致了逃离"北上广"的城市人口外流现象;另一方面又普遍采用工业用地低价出让方式招商引资,推动产业落地,发展地区经济,迎合经济增长竞争的需要,从而在客观上增加了就业机会,促进了人口的流入。

请结合两种居住模式思考政府的土地供给行为对由居民、企业以及政府组成的一般均衡体系产生什么样的影响?

(3) 阅读以下材料。[②]

现实中,要素的流动必然产生成本。从资源配置和创新的观点看,要素的流动成本是要素从一种均衡状态向另一种均衡状态转变所花费的成本,这种转变既可以是地点的变化,也可以是技术进步或者升级。生产要素的流动会产生要素流动成本。

一般条件下,影响要素流动成本的最主要因素就是要素自身的流动性,如人口要素相对资源要素就有更强的流动性。制度壁垒、教育壁垒、劳动外部性与转换壁垒、专用性投资壁垒、文化壁垒等也影响着要素的流动成本。

---

① 彭山桂,陈晨,王健等.居住模式、地方政府土地供给行为与人口流动——以广东省和山东省为例.资源科学,2017,10.

② 牛盼强,谢富纪,曹洪军.基于要素流动成本的区域经济发展环境与经济发展关系.经济地理,2009,2.

根据以上材料,大家认为现实中的要素流动是完全自由的吗? 如果存在要素流动成本,其会对一般均衡产生什么样的影响?

七、知识边界延伸

(1) 帕累托效率和社会总剩余之间的关系。

对于帕累托效率和社会总剩余之间有什么样的关系,课本没有给出十分明确的结论。实际结论是,在社会总剩余(消费者剩余、生产者剩余)可以计算这一前提下,帕累托有效等价于总剩余实现了最大化。换言之,总剩余可以衡量潜在的帕累托改进,当且仅当一个变化增加了总剩余时,它是一个帕累托改进。

公共物品的帕累托最优配置,也就是让所有消费者的总剩余达到最大的(公共物品)配置。

(2) 一般均衡理论的困境。

当阿罗和德布鲁两人第一次证明了一般均衡的存在性之后,主流西方经济学家表示赞同,但也有相当数量的西方经济学家怀疑其意义和价值。原因如下。

其一,部分经济学家认为一般均衡存在性的前提过大,忽略了很多因素,现实并不遵循这种假设,从而对于分析现实没有什么太大的贡献。对于这种批评,一般均衡理论的支持者们则声称,一般均衡理论很好地捕捉了现实特征。不过,像"一方说好,一方说不好"这样涉及主观评价的争论很难达成共识。

其二,"一般均衡"这个概念涉及三个问题:存在性、唯一性和稳定性。阿罗和德布鲁证明了存在性,但唯一性和稳定性(或者说收敛性)没有得到保证。其中唯一性问题意味着如果存在多个可能的解,到底哪一个才是和现实相关的。

相对而言,稳定性问题更严重。因为正如马歇尔很早就强调过的,如果均衡稳定性无法得到保证,它的存在性也就没有什么现实意义了,因为这意味着经济永远不会均衡。若是这样,所谓的自由市场能实现一般均衡进而达到帕累托最优及其延伸出来的各福利定理,只是西方主流经济学的一个心理寄托。

尽管西方经济学家对自由市场系统的稳定性有着近乎执着的信仰,但稳定性问题在理论上一直没有解决。到了 20 世纪 70 年代早期,德布鲁联合另外两名美国经济学家雨果·索南夏因和若尔夫·曼特尔证明,由于不同市场之间的相互影响,也就是系统的复杂性,人们所期待的这种稳定性是不存在的。德布鲁等的结论以他们的名字命名,称为 Sonneschein-Mantel-Debreu(SMD)定理,该定理被戏称为"怎么都行定理"(anything goes theorem),以表达其对诸多传统经济学结论(例如需求曲线的形状)的瓦解。于是,有些经济学家将一般均衡理论称为失败的研究计划。

由于 SMD 定理的存在(当然也由于其他因素的影响),人们认识到了传统市场理论及分析框架的局限性,使近代微观经济学的问题意识发生了明显的转向,本专科教材中的主体结构逐渐不再是西方经济学前沿研究的重点。在一定意义上可以说,传统意义上的新古典经济学在今天的西方经济学中只留有范式遗产,即基于效用最大化和利润最大化的均衡分析。

但是,仍然有部分西方经济学家强调一般均衡理论的价值,认为一般均衡理论对解释和理解市场基本机理和功能有必要的参照意义,并且还为西方经济学研究的转向感到不安,因为他们担心放弃传统的市场学说将会消解人类经过长时间积累起来的对市场制度功能的理解,不利于制定合理的经济政策。

(3) 瓦尔拉斯拍卖人假设。

一般均衡理论只证明了保证市场出清的价格存在,没有说明市场机制如何收敛到均衡价格上。事实上,这种收敛性几乎不存在。在 19 世纪,倡导一般均衡理念的瓦尔拉斯为了说明每个市场价格如何逐渐调整使商品和生产要素的需求量和供给量都达到一致,从而实现一般均衡,提出了所谓的拍卖人假设。这个虚构的拍卖人,如今被称为瓦尔拉斯拍卖人,而达到一般均衡的过程被叫作摸索过程。瓦尔拉斯是这样假设的,即在市场中存在一个拍卖人,他先在市场上对所有商品公开喊价,所有经济主体根据该价格报出自己意愿的供给和需求,若此时供求恰好达到一致,则拍卖人宣布该价格为均衡价格,市场开始交易。而若供求不一致,则拍卖人根据供求差异调整并宣布另一个价格,如此往复,不断摸索,直到市场正好供求相等,拍卖人再一锤定音,确定均衡价格。

显然,瓦尔拉斯拍卖人完全是一种构想,和市场经济的实际运动没有什么关系,现实中也不存在这样的拍卖人。从某种角度上讲,这个概念的作用有点像物理学中的薛定谔的猫和麦克斯韦妖,主要是起到辅助理论思考的作用。

(4) 对福利经济学定理的一些补充。

课本上对福利经济学定理的界定一般取其宽泛含义,即表达竞争性市场均衡和帕累托效率的等价性。实际上严格说来,有以下值得补充的细节。

福利经济学第一定理,即在竞争性交换中,所有的市场均衡都是帕累托有效的。这里有一个隐含条件,就是没有消费者外部性,消费者只关心自己,不关心他人。如果存在消费者的外部性时,竞争均衡就不一定是帕累托有效的了。

第一定理的逆命题就是第二定理。而这个第二定理需要一个追加条件,即消费者的偏好是凸的。如果第一定理意指市场机制在配置资源问题上的帕累托有效性，第二定理则反过来意指所有帕累托有效率的配置也都能得到市场机制的支持。

以上是关于交换的福利经济学定理。在生产问题上也有类似但不完全一样的结论。相应地，福利经济学第一定理是，如果所有企业均是竞争性的、追求利润最大化的企业，那么竞争均衡就是帕累托有效的。其逆命题福利经济学第二定理也是类似的。值得强调的是，和交换的情形类似，福利经济学第二定理同样要求企业的生产集是凸的。只是，如果说要求消费者的偏好是凸的勉强还可以接受，那么要求企业的生产集是凸的则很难解释，因为它等价于要求企业的生产技术不存在规模报酬递增的情况。换言之，只有在规模报酬不变和递减的情况下，福利经济学第二定理才成立。而在某些场合下，西方经济学甚至要求排除规模报酬不变的假设，以让一般均衡理论的结论更加稳健，数学性质更加良好。

（5）帕累托最优在社会福利问题上的局限性。

虽然一般均衡理论和帕累托最优标准看起来很美，但实际上存在很大的局限性。它不仅只是一种纯思想上的准则，而且我们无法知道当帕累托标准没有得到满足时到底有什么后果。相应地，如果我们使用旧福利经济学的消费者剩余，至少理论上能得到一个结果。例如，帕累托最优宣布，理论上讲只有完全竞争市场能够实现最佳效率，现在的问题是，如果现实中存在多个市场扭曲（比如多个垄断），那么如果消除了其中某个扭曲，结果会变好还是变差呢？事实上，1956 年，加拿大经济学家理查德·利普西（Lipsey）和澳大利亚经济学家开尔文·兰卡斯特（Lancaster）提出次优理论，他们认为，如果还存在其他扭曲，那么消除某一个扭曲，结果可能更好，也可能更差。换一个说法就是，只要不是全部最优条件都得到满足，那么较多最优条件得到满足的情况并不一定就比较少最优条件得到满足的情况好一些。总之，没有什么依据来判断一个政策究竟会让整体福利更好还是更差。

（6）生产可能性边界为什么是凸的？或者说，为什么产品的边际转换率（MRT）递增？

这个问题在课本和很多参考书上都给出了回答，但却不够深入。例如，课本的解释是为了扩大某种商品的规模，只能将不适合生产这种商品生产的要素也投入生产，使得边际成本增加。

但本质上，生产可能性边界是凸的是一个为了保证帕累托均衡性质良好的技术性要求，而不是经济理论上存在的必然规律。为了简便理解，可考虑图 7-1：设生产可能性边界上，A 点两种商品的产量为 $x=0,y=10$，而 B 点两种商品产量为 $x=10$，$y=0$，其两点连线的中点为 C 点，两种商品的产量为 $x=5,y=5$。所谓的生产可能性曲线为凸的,也就是指 C 点落在了该曲线包围平面的"内部",即该产出是可以实现的[①]。

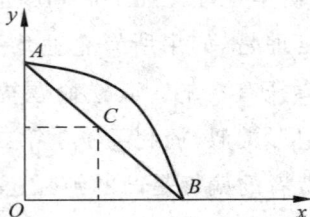

图 7-1　生产可能性边界

现从 A 点出发,如果生产商品 Y 的技术是规模报酬不变的,那么若为了生产出 5 单位的商品 Y,则只需原投入要素的一半,剩下要素可以用来生产商品 X,如果这部分要素足以生产 5 单位商品 X,那么 C 点就是可实现的。能不能做到这一点则依赖于生产商品 X 的技术。由于 B 点表示将所有的要素都用来生产商品 X 所能达到的最大产量为 10,那么如果生产商品 X 的技术是规模报酬不变的,从 A 点中剩下的一半要素恰好可以生产 5 单位的商品 X。此时 C 点就应当恰好在可能性边界上,而不是内部。为了保证 C 点在内部,生产商品 X 的技术必须是规模报酬递减的,即一半的要素投入可以生产大于一半的产出。

由上述分析可知,如果两个技术都是规模报酬递增或不变的,肯定不行;若都是规模报酬递减的,肯定可以;若有一个是递减的,另一个是不变的,则也可以;若有一个是递减的,另一个是递增的,则要视递增递减的相对情况而定。总的来说,可以大致地认为,只有全社会总体或平均而言是规模报酬递减的,生产可能性曲线才是凸的。因此,这种凸性本质上涉及的是社会总生产的规模收益问题。

那么,为什么需要这个凸性假定呢(哪怕冒着牺牲克拉克分配定理所要求的规模报酬不变假设)? 答案是为了保证帕累托均衡,尤其是福利定理的成立。如果没有向上凸的生产可能性边界(以及向下凸的无差异曲线),$\mathrm{MRT}_{xy} = \mathrm{MRS}_{xy} = \dfrac{p_x}{p_y}$ 这个均衡条件可能就不存在或不唯一,福利定理就难以得到保证。大家可以试着画图体会一下。

(7) 如何更直观地理解生产的帕累托最优条件($\mathrm{MRTS}_{LK}^x = \mathrm{MRTS}_{LK}^y$)在生产和交换的帕累托最优($\mathrm{MRS}_{xy} = \mathrm{MRT}_{xy}$)中的作用?

---

①　数学上这涉及凸集的定义,即两个元素的线性组合仍在该集合内部。

技术上说，$\mathrm{MRTS}^x_{LK} = \mathrm{MRTS}^y_{LK}$ 当然是为了导出 MRT_{xy} 的一步中间环节，但这并不意味着在一般均衡中，$\mathrm{MRTS}^x_{LK} = \mathrm{MRTS}^y_{LK}$ 本身没有意义。为了理解这一点，考虑如下问题：如果一个配置 (x^*, y^*) 使得 $\mathrm{MRS}^A_{xy} = \mathrm{MRS}^B_{xy}$ 成立，且生产 (x^*, y^*) 的要素配置 (L^*, K^*) 满足 $\mathrm{MRTS}^x_{LK} = \mathrm{MRTS}^y_{LK}$，那么请问此时经济是否达到了生产和交换的一般均衡？

答案是肯定的。这是因为 (L^*, K^*) 满足 $\mathrm{MRTS}^x_{LK} = \mathrm{MRTS}^y_{LK}$ 即意味着 (x^*, y^*) 落在生产可能性边界上，而 $\mathrm{MRS}^A_{xy} = \mathrm{MRS}^B_{xy}$ 成立意味着 (x^*, y^*) 落在交换契约线上，这二者合起来决定了这一定是一个生产和交换的帕累托最优，如图 7-2 所示（实线为生产可行性边界，虚线为交换契约线）。

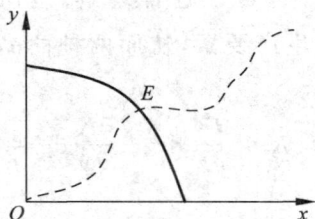

图 7-2　生产和交换的帕累托最优

所以，生产和交换的帕累托最优在几何上就是交换契约线和生产可能性边界的交点。这个交点反映的是消费品的配置达到了帕累托最优（$\mathrm{MRS}^A_{xy} = \mathrm{MRS}^B_{xy}$，即效用最大化条件），且生产要素的配置也达到了帕累托最优（$\mathrm{MRTS}^x_{LK} = \mathrm{MRTS}^y_{LK}$，即利润最大化条件）。从这个角度来讲，$\mathrm{MRTS}^x_{LK} = \mathrm{MRTS}^y_{LK}$ 具有比边际转化率更直观的市场内涵。

（8）MRT 的计算方法。

课本是从生产契约曲线中导出生产可能性曲线，再通过生产可能性曲线的斜率来计算 MRT 的，这既是 MRT 的定义，也是计算 MRT 的最基本方法。不过，若只是计算 MRT，而不要求生产可能性曲线的具体形态，可以用以下公式来求解。

$$\mathrm{MRT}_{xy} = -\frac{\mathrm{d}y}{\mathrm{d}x} = -\frac{\dfrac{\partial f^y}{\partial L}}{\dfrac{\partial f^x}{\partial L}} = -\frac{\dfrac{\partial f^y}{\partial K}}{\dfrac{\partial f^x}{\partial K}} \tag{7-1}$$

式中，f^x 为生产 x 的生产函数，f^y 为生产 y 的生产函数。

式(7-1)之所以成立,是因为等式右边$\dfrac{\frac{\partial f^x}{\partial L}}{\frac{\partial f^y}{\partial L}}$表示将1单位劳动从生产$y$改为生产

x,两种商品产量之间的转换关系。而$\dfrac{\frac{\partial f^y}{\partial L}}{\frac{\partial f^x}{\partial L}}=\dfrac{\frac{\partial f^y}{\partial K}}{\frac{\partial f^x}{\partial K}}$的连等关系是因为生产可能性边

界意味着在其上的所有点都在生产契约线上,即都有$\mathrm{MRTS}_{KL}^x=\dfrac{\mathrm{MP}_K^x}{\mathrm{MP}_L^x}=\dfrac{r}{w}=\dfrac{\mathrm{MP}_K^y}{\mathrm{MP}_L^y}=$

MRTS_{KL}^y。

出于学习的目的,式(7-1)也可以这样理解。当企业处在生产可能性边界上时,已经最大化利用了所有的生产要素,从而两种商品产量的变化不能改变使用总

的要素总量,即(以资本为例)$\mathrm{d}K=\dfrac{\partial K}{\partial x}\mathrm{d}x+\dfrac{\partial K}{\partial y}\mathrm{d}y=0$,整理可得$\dfrac{\mathrm{d}y}{\mathrm{d}x}=-\dfrac{\frac{\partial y}{\partial K}}{\frac{\partial x}{\partial K}}$,即

式(7-1)。[①]虽然这个推导纯粹是形式上的,并不严格,但它直观地揭示了MRT本质上是某要素总禀赋给定条件下,该要素在各个不同商品生产中的边际产出之间的置换(trade-off)关系。

(9)关于边际转换率等于边际成本之比的补充说明。

课本中对生产和交换的帕累托均衡处$\mathrm{MRT}_{xy}=\dfrac{\mathrm{MC}_x}{\mathrm{MC}_y}$的解释较为简单,是通过直接利用完全竞争市场的均衡条件$p=\mathrm{MC}$得到的。这种解释固然没错,但缺乏细节,因此这里进行一些补充。

对于完全竞争厂商来说,利润$\pi=pf(K,L)-wL-rK$,则利润最大化条件为$p\dfrac{\partial f}{\partial L}=$

$w,p\dfrac{\partial f}{\partial K}=r$。从而可得边际成本$\mathrm{MC}=\dfrac{\mathrm{d}C}{\mathrm{d}Q}=\dfrac{\mathrm{d}(wL+rK)}{\mathrm{d}Q}=\dfrac{2w}{\mathrm{MP}_L}=\dfrac{2r}{\mathrm{MP}_K}$,由此根据

上一条结论可知$\mathrm{MRT}_{xy}=\dfrac{\mathrm{MP}_K^y}{\mathrm{MP}_K^x}=\dfrac{\mathrm{MP}_L^y}{\mathrm{MP}_L^x}=\dfrac{\mathrm{MC}_x}{\mathrm{MC}_y}$。

以上分析更直观地展示了MRT所包含的要素配置内涵,边际成本只是要素配置的表现。

---

① 这个分析过程类似效用理论中研究无差异曲线和边际效用之间关系时的做法。

（10）是否存在与生产可能性边界对应的效用可能性边界？

理论上是存在的，某些教科书确实也提到了这个概念。和生产可能性边界类似，效用可能性边界就是由交换契约曲线引出的曲线，表示在交换的帕累托最优配置下，两个消费者所能享受的最大效用之间的替代关系。但是这个概念不太符合序数效用论的认知（因为暗含着两人效用之间的转换关系），而且在研究帕累托均衡上没有什么太大的意义，因此使用得不多。

第八章　市场失灵和微观经济政策

一、本章导学

本章作为微观经济学的最后一个部分，主要探讨市场机制的局限性问题。

由于绝大多数教科书的编写方法问题，很多读者在初学这一章时有很强的割裂感，前面七章似乎都在阐述市场机制的美妙作用，此处却突然加入了一章关于市场失灵的内容，缺乏必要的过渡，显得生硬。那么，市场失灵问题和前面的内容有什么联系呢？

实际上，很多关于市场失灵的思想和研究，是在对福利经济学的研究中兴起的。例如，垄断势力导致的福利三角是基于马歇尔消费者剩余分析的福利经济学结果；阿瑟·庇古在他 1928 年的《公共财政学研究》中提出正、负外部性的问题，即边际私人产品和边际社会产品的不一致，会导致社会福利的损失。到了 1951 年，萨缪尔森也是在福利分析中提出了公共产品理论。因此，第八章所阐述的市场失灵，实际上可以看作是第七章的福利经济学的延续。

概括地说，福利经济学的研究结果指向市场失灵以及政府干预的合理性。

除此以外，课本也介绍了一些不属于传统福利经济学研究的内容。例如，科斯定理和寻租。前者由罗纳德·科斯于 1960 年提出，后者则由美国经济学家詹姆斯·布坎南和安妮·克鲁格于 1974 年提出。这两个概念不完全属于西方主流经济学的传统分析框架，超出了高等院校初级教材所能涵盖的范围，故课本点到为止，未加展开，我们在学习过程中有所了解即可。

二、本章提纲梳理

章　　节		知　识　要　点	学习难点
第八章 市场失灵 和微观经 济政策	第一节 垄断	◇ 福利三角 ◇ 寻租的含义、类型及其对经济效率的影响 ◇ 对垄断价格和垄断产量的政府管制（递增 　成本和递减成本的情形） ◇ 反垄断法	—

续表

章　　节		知　识　要　点	学习难点
第八章 市场失灵 和微观经 济政策	第二节 外部性	◇ 外部性的含义和分类 ◇ 正负外部性导致的市场失灵 ◇ 纠正外部性的微观政策：行政命令管制、外部性内在化(庇古税)、科斯定理	—
	第三节 公共物品和 公共资源	◇ 经济物品的类型 ◇ "搭便车" ◇ 针对公共物品的微观政策和最优化标准 ◇ "公地悲剧" ◇ 解决"公地悲剧"的微观政策：管制和庇古税、界定产权	★ 求解公共物品的最优提供量 ★ 求解公地资源的最优使用量
	第四节 信息不完全和 不对称	◇ 信息不完全对市场机制的影响 ◇ 信息不对称的类型(逆向选择和道德风险) ◇ 针对信息不完全和不对称的微观政策：多样化的信号传递、效率工资和风险共担	—
	第五节 收入分配 中的 不平等	◇ 洛伦兹曲线 ◇ 基尼系数 ◇ 若干收入再分配政策	—
	第六节 本章评析	◇ 资本主义制度中的贫困原因 ◇ 微观经济政策的局限性 ◇ 如何借鉴西方经济学的微观经济政策	—

三、知识图谱和部分概念阐释

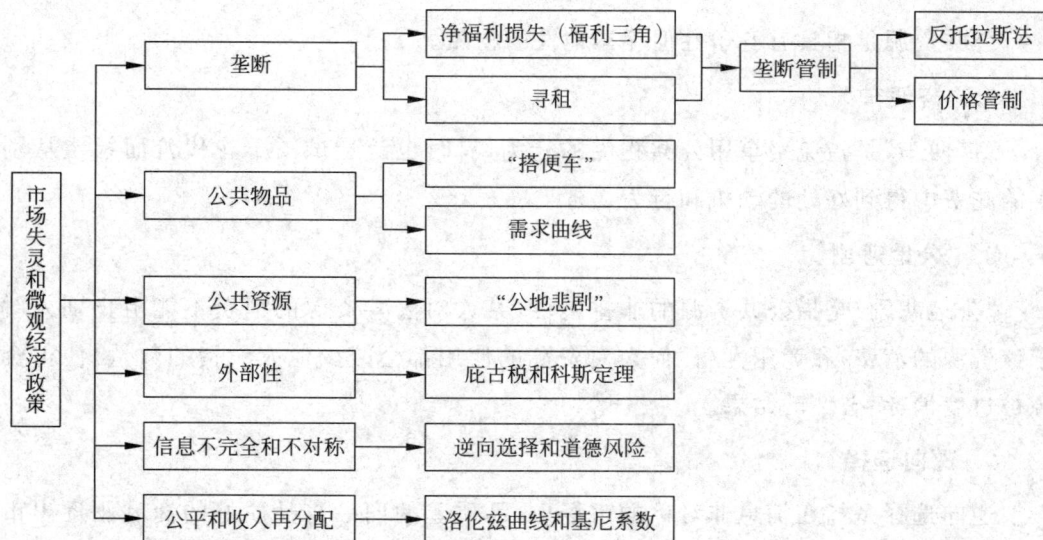

第八章的知识图谱

1. 市场失灵

市场失灵是指由于完全竞争市场以及其他一系列理想化假定条件在现实中并不存在,导致现实中的市场机制在很多场合下不能实现资源的有效配置,不能达到帕累托最优状态的情形。垄断、外部影响、公共物品以及不完全信息都是导致市场失灵的重要原因和主要表现。

2. 无谓损失

无谓损失又称福利净损失,是指由于市场未处于最优运行状态或者偏离竞争性均衡所损失的消费者剩余和生产者剩余之和。

3. 寻租

寻租是指为了获得和维持垄断地位从而得到垄断利润所从事的一种非生产性寻利活动。企业千方百计谋求和维持垄断地位,以获取经济利润,并为此花费费用,这就是寻租活动。寻租分为购买垄断型寻租和创造垄断型寻租。

4. 外部性

外部性是指人们的经济活动对他人造成的影响,而这些影响又未被计入市场交易的成本或价格之中。外部性又称为外在效应或邻居效应。

5. 公共物品

公共物品是指在消费中既无排他性又无竞争性的物品。

6. 公共资源

公共资源是指具有竞争性但无排他性的物品。

7. "搭便车"

"搭便车"是指免费享用公共物品的行为,有时也泛指试图不花代价而指望从别人的花费中得到好处的动机和行为。

8. "公地悲剧"

"公地悲剧"是指公共资源的非排他性(某人对公共资源的消费不能阻止别人对于该资源的消费)和竞用性(任何人对资源的使用都会减少他人消费的数量)使得资源被过度消耗、破坏的结果。

9. 逆向选择

逆向选择是指在信息非对称的市场中,品质差的商品将品质好的商品驱逐出市场的结果,有时也称为"劣币驱逐良币"。本质上这是信息不对称的一种类型:隐藏性特征的信息不对称,即一方能够观察到另一方观察不到的商品特征。

10. 道德风险

道德风险是与逆向选择相对的另一种信息不对称类型。隐蔽行为的信息不对称即一方能够采取影响对方却不被对方观测到的行为。

11. 洛伦兹曲线

洛伦兹曲线是美国统计学家马克斯·洛伦兹提出的,用以反映国民收入分配平均程度的一种曲线,也即累计人口百分比和累计收入百分比对应的曲线。

12. 基尼系数

基尼系数是根据洛伦兹曲线推导出的表示社会收入分配不平等程度的系数。如果用 A 表示绝对平均曲线和洛伦兹曲线之间的面积,用 B 表示洛伦兹曲线和绝对不平均曲线之间的面积,那么收入分配平等程度的基尼系数的计算公式是 $G = \dfrac{A}{A+B}$。基尼系数越大说明收入分配越不平等,越小说明收入分配越平等。

四、基础练习

1. 选择题

(1) 不完全竞争市场中出现低效率的资源配置是因为产品价格(　　)边际成本。

　　A. 大于　　　　　　　　　　B. 小于

　　C. 等于　　　　　　　　　　D. 以上均对

(2) 在西方经济学看来,为了提高资源配置效率,政府应对垄断的态度应是(　　)的。

　　A. 限制　　　　　　　　　　B. 鼓励

　　C. 自由放任　　　　　　　　D. 无法确定

(3) 准公共物品满足(　　)。

　　A. 非竞争性和非排他性　　　B. 非竞争性和排他性

　　C. 竞争性和非排他性　　　　D. 竞争性和排他性

(4) 如果上游工厂污染了下游居民的饮水,按科斯定理,(　　),问题都可妥善解决。

　　A. 不论产权是否明确,交易成本是否为零

B. 不论产权是否明确,只要交易成本为零

C. 只要产权明确,不管交易成本有多大

D. 只要产权明确,且交易成本为零

(5) 考虑一个旧车市场,该市场上的二手车分为高质量和低质量两类,设卖家知道二手车质量的全部信息,而买家只知道高质量二手车占比为 $n(0<n<1)$。买卖双方都是风险中性的。卖家对高质量和低质量二手车的估价分别为 10000 元和 5000 元,买家对高质量和低质量二手车的估价分别为 12000 元和 6000 元。如果二手车目前的市场价格为 9000 元,则(　　)。

A. 高质量和低质量的二手车都将被出售

B. 高质量和低质量的二手车都不被出售

C. 只有高质量的二手车会被出售

D. 只有低质量的二手车会被出售

(6) 某项生产活动存在正外部性时,其产量(　　)帕累托最优产量。

A. 大于　　　　　　　　　　B. 小于

C. 等于　　　　　　　　　　D. 以上三种情况都有可能

(7) 市场不能提供公共物品是因为(　　)。

A. 公共物品不具有排他性　　B. 公共物品不具有竞争性

C. "搭便车"的存在　　　　　D. 以上三种情况都是

(8) 关于公共物品的市场需求曲线,以下说法正确的是(　　)。

A. 由每个消费者的需求曲线水平相加得到

B. 由每个消费者的需求曲线垂直相加得到

C. 为每个消费者的需求曲线平均数

D. 无法由每个消费者的需求得到

(9) 如果某种产品社会边际成本大于私人边际成本,若按照庇古税的治理思路,征税额应等于(　　)。

A. 治理污染设备的成本

B. 私人边际成本

C. 市场价格和私人边际成本之差

D. 社会边际成本和私人边际成本之差

(10) 现实中,在其他条件相同的情况下,小微企业更不容易获得银行的贷款,这主要是由于(　　)。

A. 逆向选择　　　　　　　　　　B. "搭便车"

C. 委托—代理问题　　　　　　　D. 道德风险

2. 计算题

(1) 设某产品的市场需求函数为 $Q=100-2p$,边际成本 $MC=10$。试回答:

① 若该产品为一个垄断厂商所生产,利润最大时的产量、价格和利润各为多少?

② 要达到帕累托最优,则产量和价格应为多少?

③ 垄断所产生的福利净损失是多少?

(2) 某垄断企业面临的需求函数为 $p=8-Q$,而其成本函数为 $C=\dfrac{1}{3}Q^3-5Q^2+20Q$。试回答:

① 该垄断企业的边际收益曲线是什么? 边际成本曲线是多少?

② 均衡处企业的平均成本是多少? 处于规模收益递增、递减和不变的哪个阶段?

③ 如果政府按照"效率"原则进行价格管制,请问产量和价格应该是多少? 如果按照"公平"原则进行管制,产量和价格又应该是多少?

④ 该垄断企业会是一个自然垄断企业吗? 上述管制有可能产生什么样的后果?

(3) 某街区计划开展一个绿化项目,该小区有老年人和青年人两个群体,他们对这个绿化项目的需求曲线分别为 $V_1=3000-2S$ 和 $V_2=1000-S$。其中 S 为绿化面积。假设每单位面积的绿化费用为 100 元。试回答:

① 若绿化对象为街区公共环境,那么总需求曲线是什么? 最优的绿化面积是多大?

② 若该项目是一项入户绿化项目(即对每个家庭的私人庭院进行绿化),那么总需求曲线是什么? 最优的面积是多大?

(4) 某垄断企业的需求曲线是 $p=100-Q$,而私人成本函数为 $C=Q^2+2Q$,另外,每单位产品因污染产生的社会成本为 20。试回答:

① 该垄断企业的私人最优产量是多少?

② 社会最优产量是多少?

五、进阶练习

1. 选择题

(1) 在消费者不具有完全信息的市场上,如果平均质量随价格(　　　),且需求的数量随平均质量（   ），那么会出现向上的需求曲线。

     A. 同向变化,反向变化   B. 反向变化,反向变化

     C. 同向变化,不变化   D. 同向变化,同向变化

（2）考虑一个旧车市场,该市场上的二手车分为高质量和低质量两类,设卖家知道二手车质量的全部信息,而买家只知道高质量二手车占比为 n（$0<n<1$）。买卖双方都是风险中性的。卖家对高质量和低质量二手车的估价分别为 10000 和 5000 元,买家对高质量和低质量二手车的估价分别为 12000 和 6000 元。以下说法正确的是（   ）。

     A. 当市场价格为 8000 元时,低质量二手车能被出售,高质量二手车不能被出售

     B. 当高质量二手车占比 $n=0.5$ 时,高质量二手车不能被出售

     C. 当高质量二手车占比 $n=0.1$ 时,低质量二手车可以被出售

     D. 以上说法均正确

（3）如果某垄断厂商面临的市场需求函数为 $p=A-q$,其中 A 有 50% 的可能为 20,有 50% 的可能为 10。设厂商生产的边际成本为零,且是风险中性。若某咨询公司可以提供市场需求调研服务以 100% 确定 A 的实际值。那么该垄断厂商愿意购买这项服务的最高价格是（   ）。

     A. 60   B. 50

     C. 55   D. 无法确定

2. 计算题

（1）设一个公共牧场的维护边际成本是 $MC=2Q$,其中 Q 为牧场上饲养的牛的数量。牛的市场价格为 $p=100$ 元。试回答:

① 若牧场实行集体统筹经营,则利润最大化时饲养的牛的数量是多少?

② 若牧场为公共资源,有 5 户牧民均可以自由地在该场地养牛。在成本上,无论牧场最终的维护成本是多少,都在事后由 5 户牧民平均分担。则牧场上将会有多少牛? 长久以往会引起什么问题?

③ 问题②的解和古诺均衡有什么关系?

（2）假定有 A、B、C 三个相互毗邻的厂商。A 的边际成本为 $MC=2Q$,其产品市场价格为 20 元。此外,A 的产品会改善附近的厂商 B 的产品质量,每单位 A 产品使 B 厂商的边际收益增加 15 元;但同时会恶化附近厂商 C 的外部环境,使厂商 C 的边际成本增加 5 元。假设厂商 B 和 C 之间没有外部性。试回答:

① 在竞争性市场中,完全自利的 A 的产出应是多少?

② A 的每单位产品的社会边际收益为多少? 社会边际成本是多少? 厂商 A 的产品的社会最优产出应是多少?

第八章习题答案

③ 若要用征税或补贴的思路来解决这里的市场失灵,应如何设置税收或补贴?

六、经济思维和案例课堂

(1) 阅读以下材料。①

近年来,信息技术出现了长足的发展,"大数据""云"等概念交织显现。2023 年,美国 OpenAI 公司开发的人工智能 ChatGPT 更是在世界范围内掀起了人工智能产业的浪潮。新技术带来新的产业,面对新开拓的蓝海,大批资本涌入以期望取得先发优势。相对地,政府对于新产业的监管还不够成熟,行业自律性组织尚未形成有效运行模式。一般认为,算法、算力和数据是人工智能产业的重要组成部分。数据标注主要是对未经处理的音频、图片、文本、视频等各类数据添加标记,使其能够为模型所识别。由于不同算法模型研发者的设计和需求存在差异,开发所涉及的算法逻辑存在区别,导致不同场景下对于数据标注结果的规范也存在较大区别,且当前缺乏一个权威的可执行标准对数据标注的成果进行规范。对于数据标注的提供方,最终产品是经过标注的各项文本、图片或其他数据,供应方式是网络传输,在不考虑商业谈判的情形下,仅提供相同产品,不会因为增加用户而增加成本,边际成本接近于 0,从而得到的产品可以供任意多个具有相同需求的人使用。数据标注业务会大量收集和使用公开信息,越是大模型,训练涉及的公开数据就越多,数据标注工作的开展,不会受到常规生产资料的限制,反而高频、常见的信息更容易被同类型任务所反复标注,相同工作重复开展,并不能为社会创造价值。

根据上述材料,大家认为当前数据标注行业在市场运行中存在哪些问题? 如何用本章的知识解释这些现象? 对于改善新兴产业中存在的市场失灵问题,大家有哪些好的建议?

(2) 阅读以下材料。②

尽管我国在 2021 年 5 月实施了"三孩政策",但人口生育率仍然不高,出现"低生育率陷阱"危机,这其中有宏观层面配套政策不健全的原因,也有微观层面的诸多现

① 周俊吉,任兰青.市场失灵在新兴产业中的表现——以数据标注行业为例.产业创新研究,2023,23.
② 黄敬宝.信息不充分与我国育儿嫂市场失灵.价格理论与实践,2024.

实困难。对于很多需要上班、无法亲自照顾婴幼儿的年轻父母来说,找不到合适的育儿嫂就是一个重要原因。我国育儿嫂行业起步较晚,属于新兴行业,其发展前景广阔,但目前育儿嫂行业乱象丛生,无法满足较大的市场需求。面试、试用是育儿嫂供求双方见面沟通、相互了解的重要环节,能增强信息的真实性,但力度有限。第一,年轻的婴幼儿父母缺乏育儿经验和对优秀育儿嫂的判定标准,很难在短时间内识别出育儿嫂存在的问题。第二,大多数婴幼儿父母要上班,跟育儿嫂直接接触的时间较少,无法全面了解、评价育儿嫂的工作过程及质量。第三,作为被服务对象的婴幼儿没有独立的语言表达和问题反馈能力。而公司经纪人本身对很多育儿嫂并不熟悉,基于育儿嫂的独立身份和信息不充分,公司作为中介,既没有能力和条件,也没有意愿严格审核育儿嫂从业经验的真实性,对于育儿嫂简介或求职简历,公司不经核实就直接发布,造假空间较大;而育儿嫂一般也会选择在多家公司挂名,上户后仍能收到育儿嫂的需求信息,当新工作条件和环境较好、工资较高时,她们就可能辞掉现有工作而另谋高就。

　　上述案例主要表现为市场失灵的哪些具体方面? 是否会导致"逆向选择"和"道德风险"? 这些问题会对社会产生哪些不利影响?

　　(3) 阅读以下材料。[①]

　　传统理论表明,公共物品无法通过市场自发供给,只能依靠政府避免市场失灵导致的"公地悲剧",但现实生活中却存在着非市场、非政府的群体内部自我治理的成功案例。

　　对于现实中私人供给公共物品现象,埃斯诺·奥斯特罗姆提出公共物品供给中非市场、非政府的第三种模式:群体内部自我治理(自组织),即在一定条件下,人们可以为了集体利益而自我组织起来,对集体内部公共物品进行自我治理。

　　NJ村、XT村近年来成功实现了不同形式的群体内部自我供给公共品的自治理,成了城中村治理的模范村。从基础设施不全、治安环境差、房屋空置率高的"脏乱差"小区变成了安全、整洁、有序、和谐的宜居小区。

　　H是NJ村的居民,是一名已经退休的公务员,基于他的身份,小区的一些居民有矛盾时都会寻求他的帮助并比较听从他的调解,这让他在小区居民口中有较好的口碑。2012年以前,NJ村"脏乱差"的问题一直困扰着各个居民,基于对更好生活环境的强烈需求,H与一些住户带头组织发起集体行动,并动员各住户共同参与。由于

---

　　① 章平,洪翠翠.基层社区公共物品供给的自我实现——以S市三个城中村治理为案例的分析.深圳社会科学,2020,6.

户主委员会不断地为住户们解决问题,代表住户的利益与各方协调,户主委员会获得了住户、街道办等多方面的支持,户主委员会的成员尤其是 H 等组织带头人也收获了一定的声誉,在访谈中户主委员会的一些成员表示"H 主任为大家做了很多事,大家有什么事情都找他,他在住户里口碑很好"。NJ 村环境越来越好,也吸引了更多的人前来租房。

XT 村居住人口多为外来人口,业主的主要收入来源为房屋出租收入,早期尽管 XT 村的租金较低,但由于其"脏乱差"的环境,房屋出租率较低,这使业主较为苦恼。2013 年,Z 等开始拒交物业管理费,选择在集体行动中"搭便车",虽然后来分两次补交了,但 2014 年 1 月至 6 月的物业管理费一直未交纳,物业公司决定向人民法院提起诉讼,最终胜诉,法院判决 Z 等补交拖欠的物业费,集体行动得以重新实现,然后维持至今。

根据以上材料,大家认为若要通过群体自组织的方式实现公共物品的供给,通常需要满足哪些条件? 相对于由政府提供公共物品,这种公共物品的供给方式有什么优势,有什么局限性?

(4) 阅读以下材料。[①]

随着我国老龄化进程加快,近年来越来越多居住在无电梯多层住宅的人群开始进入老年阶段。原社区内老旧的功能型设施难以适应城市的现代化建设要求,老旧小区加装电梯逐步成为大众普遍关注、反应强烈的民生问题。

然而相比政策在各地的加速扩散,加装电梯项目在实践中却频遭阻碍。截至 2019 年 5 月,全国加装电梯总量约 3 万台,远远小于实际需求量 250 万台。

现阶段,老旧小区加装电梯按运行模式可分为三类:第一类是经过楼栋业主协商后,由业主集体出资加装,产权归业主集体所有,乘坐免费;第二类是"代建租用",即引进企业出资加装且由该企业拥有电梯产权,楼栋业主则为电梯的"租户";第三类是由集体或产权单位负责电梯加装的审批、安装、验收等流程及费用。而在实践中,由于商品楼数量较多,老旧小区加装电梯绝大多数采用的是业主自筹资金模式,个别城市加以创新,采取"代建租用"模式,极个别小区采用集体或产权单位出资模式。

前者由于电梯的加装成本、维保成本、电费成本等,存在业主对加装电梯持反对意见以及不曾出资的业主不得使用电梯的问题;后者存在本楼栋没有出资的业主以

---

① 曲舒萌.博弈论视角下准公共物品供给困境及对策研究——以老旧小区加装电梯为例.西部学刊,2021,8 (上半月刊).

及其他楼栋的业主无法使用电梯的问题。

　　当前全国各地积极推进旧楼加装电梯,但安装工作却进展缓慢。除审批落实难、资金筹措难外,造成该情况的重要原因就是业主意见难以统一。

　　根据以上材料,大家认为这种小区电梯属于公共物品吗?它具有什么特点?导致在加装电梯过程中业主意见不统一的原因可能有哪些?

七、知识边界延伸

　　(1)外部性造成市场失灵的根本原因。

　　虽然大多数读者认为,外部性会造成市场失灵是很自然的。但是仍有部分读者希望能更详细地进行阐释,外部性到底改变了什么市场条件,而使得帕累托最优不再能够成立。

　　西方经济学家对此的一般性解释是,外部性(以负外部性为例)没有价格,从而就没有信号传递机制和利益调节机制,从而让市场失灵。这种解释的隐喻是,市场机制从根本上讲仍然是有效的,是那些没有价格的事物"伤害"了市场机制。例如,在工厂和渔民的故事中,市场失灵是因为工厂生产出了负效用的商品,即废水污染,这些商品却没有通过市场机制进行调节。当然也可以解释成,工厂免费使用了清洁河流作为排污渠,而没有为此付费。因此,一般地说,是由于缺乏对外部性的交易市场而使得资源配置无法达到最优。

　　尽管从常识来看,这种看法多少有点书生气,但从西方经济学自身的理论体系来说,这种说法确实是可以逻辑自洽的。事实上,人们在当代也逐步开始探索外部性交易市场,以此来辅助解决污染问题,如碳排放交易市场等。但是,这一探索目前仍然还有很长的路要走。

　　(2)外部性的市场解决思路的延伸:科斯定理。

　　对于外部性的解决思路,课本中重点介绍了调整私人收益(成本)到社会收益(成本)这一思路,这种解决问题的思路被称为庇古税(或庇古补贴)。但是,在西方经济学中,也有一些更信奉市场机制、不赞同政府干预的经济学家提出了不同的看法。课本中介绍了其中名气最大的科斯定理。

　　课本已对科斯定理进行介绍,这里进行一些补充。科斯定理可以粗略地理解为:即便有外部性的存在,但只要交易成本较低(为零),那么通过当事人之间的谈判,就可以达到有效率的结果。进一步地,若消费者的福利能用消费者剩余表示,那么无论哪一方拥有外部性(如清洁的河流)的所有权,最终的结果都是相同且有效率的。理想地说,只要有清晰的法律框架,那么市场机制仍然能保证效率,无须政府干预。

显然,科斯定理是为外部性进行市场定价这一思路的延伸。

虽然这个观点对部分西方经济学家们有很强的感召力,但在实践中仍然存在各种各样的局限性。除消费者的福利一般来说不能用消费者剩余衡量这一点限制外,实际上,垄断势力、信息不对称、公共物品等,也都会反过来影响科斯定理发挥作用。所以现实中,市场失灵的各种因素往往是互相交织的。本质上,当人们为外部性建立市场时,就产生了新的市场失灵。关于信息不对称对科斯定理的影响,可以参阅所谓的梅尔森-萨特思韦特定理[①]。

(3) 如何理解公共物品的需求曲线是个人需求曲线的垂直相加?

对于一般商品而言,市场的需求曲线是个人需求曲线的水平相加,而对于公共物品而言,市场需求曲线却是个人需求曲线的垂直相加,这是为什么呢?

其实,公共物品的需求曲线并不是传统意义上的需求曲线,这是因为,由于公共物品的特殊性,很难界定清楚需求曲线的定义在给定价格下,人们愿意并且能够消费的数量。人们往往基于基数效用论将公共物品的"需求曲线"描述为社会对一定数量公共物品的心理评价。

具体来说,一个公共物品一旦被提供出来,所有人消费的数量都是一样的,只是每个人的主观心理评价不同。比如,对于一个住宅区,增加 1 平方米绿化,一个人的主观心理边际价值 MV_1 是(用货币衡量)5 元,而另一个人的边际价值 MV_2 是 10 元,那么由这两个人构成的社会对这 1 平方米绿化的边际价值是 $MV_1 + MV_2 = 15$ 元。这就表现为每个人主观心理评价的垂直叠加(实际上蕴含了效用的人际比较),如图 8-1 所示。

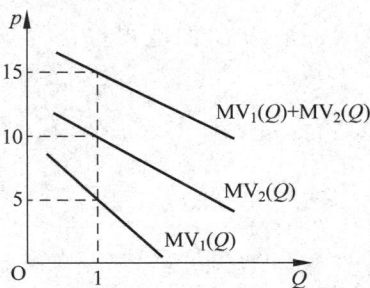

图 8-1　公共物品的边际价值曲线

① 此处关于科斯定理的解释参考自:神取道宏.微观经济学的力量.陈雅静,刘鑫,李慧玲,等,译.杭州:浙江大学出版社,2024:270.

　　顺带一提,理论上讲,这个住宅区的最优绿化水平 Q^* 取决于绿化的边际成本,等于垂直加总的边际心理评价的位置,即 $\mathrm{MV}_1(Q^*)+\mathrm{MV}_2(Q^*)=\mathrm{MC}(Q^*)$。或者说,公共物品的最优水平取决于以下条件,即消费者在该公共物品上得到的边际效用之和等于它的边际成本。

　　最后,关于公共物品的分析也可以用序数效用论的无差异曲线进行分析,这里不再展开,可参阅公共物品最优供给的萨缪尔森条件。

　　(4)关于公共物品的两类常见问题。

　　关于公共物品,通常有两类问题:一是买不买的问题,二是买多少的问题。分别举例如下。

　　如果一对室友,两人考虑是否要购买电视。电视的价格为 500 元,但两人对看电视的心理估价 300 元。如果自己购买电视,则收益为 -200,若不购买电视,则可以"搭便车"收看另一个人购买的电视(假设每个人都不能阻止另一个人看电视)。于是,这个问题就可以描述为表 8-1 所示的完全信息静态博弈。

表 8-1　完全信息静态博弈

参　与　人		参与人 B	
		买	不买
参与人 A	买	$-200,-200$	$-200,300$
	不买	$300,-200$	$0,0$

　　那么在这个"搭便车"问题中,博弈均衡是"不买—不买"。

　　另一种问题类型是考虑连续型的公共物品问题。还是在上面这个问题中,假设两个消费者的财富水平为 w_A、w_B,可以选择购买 x_1 和 x_2 的私人消费品,同时也可以购买品质为 G 的电视。假设品质为 G 的电视价格为 $c(G)$。那么,消费者 A 的效用问题为(消费者 B 类似)

$$\max_{x_\mathrm{A},G} u_\mathrm{A}(x_\mathrm{A},G)$$

$$\mathrm{s.t.}\ \ u_\mathrm{B}(x_\mathrm{B},G)=\bar{u}_\mathrm{B}$$

$$x_\mathrm{A}+x_\mathrm{B}+G=w_\mathrm{A}+w_\mathrm{B}$$

容易证明,电视品质 G 的社会最优条件是

$$\frac{\mathrm{MU}_{G,\mathrm{A}}}{\mathrm{MU}_{x_\mathrm{A}}}+\frac{\mathrm{MU}_{G,\mathrm{B}}}{\mathrm{MU}_{x_\mathrm{B}}}=\mathrm{MC}(G) \tag{8-1}$$

这正是前述所说的 $\mathrm{MV}_1(Q^*)+\mathrm{MV}_2(Q^*)=\mathrm{MC}(Q^*)$ 条件的转化形式。

　　在上述问题中,若要求解"搭便车"问题,则需要对两个消费者的个人最优行为分

别进行分析。对于消费者 A 来说，有（其中 g_A 为消费者 A 在公共物品电视上的支出）：

$$\max_{x_A, g_A} u_A(x_A, g_A + g_B)$$

$$\text{s.t. } x_A + g_A = w_A$$

消费者 B 的优化问题类似。接下去的分析方式接近于古诺模型，每个消费者（如消费者 A）在给定对方在电视上的支出（如 g_B）的前提下，最优化自己的支出。

因此，本质上对公共物品分析，就是用博弈论来求解纳什均衡。最终将发现，个人最优决策均衡下的公共物品提供小于社会最优水平。在某种意义上说，这有点类似寡头市场产品小于完全竞争市场下的最优情况。当然，在某些条件下，某个消费者也会成为公共物品的唯一提供者，而另一个消费者获得"搭便车"的收益。

事实上，公共资源和外部性问题，也同样需要以博弈论的框架进行研究。

（5）公共物品—公共资源和外部性的相同点与差异。

外部性是对物品进行消费时满足的一种特征，即它的生产或消费过程会对其他人产生影响。公共物品是指满足非竞争性和非排他性的物品；公共资源则是指满足非排他性但不满足非竞争性的物品。公共物品—公共资源和外部性的阐述侧重点不一样。

但二者又有很强的重合性，公共物品—公共资源或多或少都具有一定的外部性特征。例如，公共物品在使用上多具有正的消费外部性，而公共资源则有负的消费外部性。

（6）网络外部性。

在数字经济时代，网络外部性是分析产品需求的一个重要因素。

所谓网络外部性是指个人得自某种商品的效用取决于消费该商品的其他消费者的数量。它也可以分为正网络外部性和负网络外部性两种。在正网络外部性的情况下，消费者对某一商品的需求随着其他消费者数量的增加而增加。而负网络外部性则与之相反，消费者对某一商品的需求随着其他消费者数量的增加而减少。

在传统经济中网络外部性就已经存在，例如消费者跟风购买某种商品时的正外部性，和消费者希望使用私人订制、独一无二商品时的负外部性。但由于信息传递和共享的数字产品和服务的重要特征，网络外部性（尤其是正网络外部性）在数字时代、流量时代尤其典型。甚至在某些经济学家看来，每一个用户都通过使用数字应用（例如分享、评论等）而不断扩大外部性，塑造该产品，成为该产品的一种无形的数字劳动者。

尾论：如何正确认识西方微观经济学

一、微观经济学是什么

在我国,西方经济学教材的内容一般是指 20 世纪 30 年代以来,英美(特别是美国)经济学家所阐述的主流学说体系。

课本将微观经济学界定为:重点研究家庭、企业等个体经济单位,旨在阐明各微观经济主体如何在市场机制调节下谋求效用或利润最大化的理性选择。按照微观经济学的分析,价格是经济活动的晴雨表,它指示经济活动的方向,决定资源配置的类型。这种界定方式主要强调的是西方微观经济学作为建立在个体优化基础上,以价格调节机制为中心的一套市场均衡理论。这套学说主要流行于 20 世纪 60 年代之前。

在当今,若读者要问,微观经济学究竟是什么呢? 是消费者理论吗? 是生产者理论吗? 是完全或不完全竞争市场理论吗? 恐怕都不是。随着西方主流经济学的发展,无论是宏观经济学还是微观经济学,其传统学术架构都已在不同程度上发生了消解。如今的微观经济学可以说已经由一门以市场均衡为中心议题的、具有严密框架的学科,转变为由不同具体专题所组成的松散集合。不同专题之间仅保持着微弱的方法论(通常来说是博弈论)联系。由于博弈均衡和帕累托均衡之间的偏离,传统的"市场均衡"问题已不再是 20 世纪 90 年代以来微观经济学的理论前沿热点。事实上,从 20 世纪 90 年代之后,博弈论已被视作重新表述传统市场竞争理论,尤其是统一各种不完全市场分析的分析范式。传统市场竞争理论中的很多结论都可以归纳为纳什均衡,而很多在传统市场分析中无法处理的问题也可以用博弈论研究。在一定意义上可以说,现代微观经济学的前沿就是博弈论。

微观经济学前沿和传统知识之间的联系主要是方法论和思考方式上的,而不是问题意识上的,即基于个体主义的效用最大化或利润最大化所进行的均衡分析。

21 世纪以来,微观经济学在理论方面的主要进展体现在两方面:一是机制设计和信息设计；二是合约理论。同时也包括基于上述两个基本问题所延伸出的一系列具体应用研究。感兴趣的读者可以结合微观经济学的高级教材以及最新的学术论文加以学习。

二、微观经济学中的科学因素与局限性

如前所述，微观经济学是一套以个体优化决策为出发点的，研究在货币价格调节机制下，市场如何配置资源及其结果的学说。在其长期发展中，西方微观经济学对资本主义经济的市场微观活动进行了一系列定性和定量分析，以其为理论基础所推行的经济政策也积累了不少实践经验。这些对于我们建设和发展社会主义市场经济具有重要的借鉴意义。

但同时我们也应当认识到，微观经济学存在一系列局限性，课本中已做了详尽的分析。这里撇开具体的技术性问题不谈，特别提出以下几点，供读者参考。

（1）西方经济学本质上是为资产阶级利益辩护和服务的经济学。例如，微观经济学中的理性人分析否认资本主义社会中的阶级差别，把所有个体都理解为完全相同的经济人，常常在试图美化、普世化和永恒化现行的资本主义制度和观念。特别地，微观经济学通过边际分配定理，暗示资本主义分配制度的公平、和谐和有效，否认资本主义的剥削本质。

（2）微观经济学讲的是经济学界定为资源有效配置的学问，这一点过于狭隘。事实上，这一规定已不能涵盖微观经济学自身的当代前沿。更重要的是，不能以此为标准否认其他经济学说的价值和意义。尤其是马克思主义政治经济学认为，经济学研究的是人与人之间的关系，是研究生产关系及其发展规律的一门科学。

（3）微观经济学从理性个体出发，基于最优化的均衡分析范式，忽视了经济主体行为模式的复杂性，也忽视了经济系统的复杂性。尤其是在一个复杂系统中，微观的行为特征不一定会表现为相应的宏观特征，而一个宏观特征也不必然能找到一个相似的微观行为。现实的市场问题永远是在不断运动的而不是静态均衡的。

（4）微观经济学的基调是倡导自由和自发市场的有效性，有意无意地淡化了市场机制的局限性，淡化了政府的作用。市场机制并不是万能的，市场能在一定范围内实现自发调节，但这个调节结果也未必是令人满意的。市场自发调节具有一定的盲目性，也可能产生不公平的结果。我们既要发挥市场在资源配置中的决定性作用，又要更好地发挥政府的作用。

（5）微观经济学特别推崇完全竞争市场的积极作用，并将其视作阐述市场机制

效力的标杆。但是现实中根本不可能存在理想的完全竞争市场。我们不能认为完全竞争就是资本主义经济的现实，也不能认为完全竞争就能解决资本主义制度的固有矛盾，更不能错误地认为完全竞争是我国社会主义市场经济的理想模式。

　　总之，在学习西方经济学时必须坚持以马克思主义为指导，用历史唯物主义、辩证唯物主义及阶级分析法，全面、客观、科学地看待西方经济学，批判西方经济学中的错误认识，借鉴其中符合我国国情的有实用价值的要素，服务于中国特色社会主义市场经济的建设和发展。